für Marcel André

topp+ **druck+**
möller **verlag**

*Wir helfen Ihnen
mit Multi-Service!*

Carmen Carola Mander

Mehr Power durch gesunde Ernährung

Ein Wegweiser für Kids und Teenies in Wort und Bild

Mehr Power durch gesunde Ernährung

Ein Wegweiser für Kids und Teenies in Wort und Bild

von: Carmen Carola Mander (Hrsg.)

2., überarbeitete Auflage 1997

mit folgenden Kurzbeiträgen:

Mehr Gesundheit durch Sport
von: Jürgen Götte, Studiendirektor, Anne-Frank-Schule, Havixbeck

Schadstoffe in Lebensmitteln
von: Werner Lauterbach, Studienrat, Geschwister-Scholl-Schule, Detmold

Hunger in unserer Welt?
Referat des Grundkurses Erdkunde des 12. Jahrganges der Geschwister-Scholl-Schule, Detmold
von: Taylan Güleryüz, Peter Helm, Martin Lang, Frank Pollmeier, Christopher Porter, Helge Scholz,
    Sergej Schwindt, Dimitri Unruh und Andreas Werner

Ein Buch entsteht im Unterricht – Vorteile des projektorientierten Lernens –
von: Wolfgang Mander, Lehrer Sekundarstufe I / II, Geschwister-Scholl-Schule, Detmold

Autorin: Carmen Carola Mander, Lehrerin Sekundarstufe II, Diplom-Geographin

Datenverarbeitung: Wolfgang Mander, Lehrer Sekundarstufe I / II, Diplom-Geograph mit dem
und Grafik   Informatik-Kurs des 9. Jahrganges der Geschwister-Scholl-Schule in Detmold

Konzeption und: Carmen Carola Mander mit der Klasse 8d der
Gestaltung   Geschwister-Scholl-Schule in Detmold

Fotografie: Susanne Schweitzer, Foto-Designerin und Redakteurin in Bielefeld

Food-Styling: Schüler der Klasse 8d der Geschwister-Scholl-Schule in Detmold:
    Björn Böhmer, Silvia Burda, Christoph Dierks, Sebastian Janke, Dennis Kaltinski,
    Marcel Raschke, Sudarshini Soorijaratnam, Sabrina Turek und Kadriye Yumusak

Lektor: Dr. Joachim Thalmann, Referent für Öffentlichkeitsarbeit an der Hochschule
    für Musik in Detmold

Unter fachlicher Beratung von:

Prof. Dr. med. Werner Andler, Leitender Direktor der Vestischen Kinderklinik in Datteln,
Universität Witten / Herdecke

Dr. med. Kurt E. J. Dittmar, Gesellschaft für Biotechnologische Forschung mbH in Braunschweig

Ludger Themann, Diplom-Oecotrophologe und Leiter der Informations- und Dokumentationsabteilung
der Bundesanstalt für Getreide-, Kartoffel- und Fettforschung in Detmold

Mit Rezepten von:

Detlef Löwenberg, Chefkoch des ms EUROPA, Hapag-Lloyd AG

Gedankt sei:

– dem Geschäftsführer des REAL-Marktes in Detmold, Herrn Adolf Erdt, für die gespendeten Lebensmittel

– der Siemens Nixdorf AG in Paderborn – Abteilung „Wiedervermarktung" – für die Leihgabe einiger Computer

– der NFP Animation Film GmbH in Wiesbaden und dem Zweiten Deutschen Fernsehen für die Mainzelmännchenlizenz

– der Firma Wofasoft in Lemgo für die Software

– Herrn Dieter Spichal, Ltd. Regierungsschuldirektor, für die organisatorische Unterstützung

– Herrn Jörg List, Oberregierungsrat, für die juristische Beratung

– Frau Stephanie Hölscher, Diplom-Oecotrophologin, Verbraucher-Zentrale Detmold; Frau Ursula Plitzko, Diplom-Oecotrophologin, Verbraucher-Zentrale Düsseldorf; Frau Ursula Tenberge-Weber, Diplom-Oecotrophologin, Verbraucher-Zentrale Düsseldorf; Frau Birgit Tollkühn-Prott, Diätassistentin, VFED e. V. in Aachen für die wertvollen Hinweise zur 2. Auflage

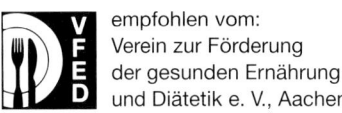

empfohlen vom:
Verein zur Förderung
der gesunden Ernährung
und Diätetik e. V., Aachen

ISBN 3-9803614-3-8

© topp+möller, druck+verlag, 2., überarbeitete Auflage, Detmold 1997

© ZDF/NFP 1996
    Lizenz durch NFP Animation Film GmbH
    Unter den Eichen 5, D-65195 Wiesbaden

Gesamtherstellung topp+möller, druck+verlag, detmold

Inhalt

Liebe Leser

„mitmachen heißt mithelfen" – das ist das Motto vieler, die sich in jedem Jahr für krebskranke Kinder engagieren und die Deutsche KinderKrebshilfe mit viel Phantasie und großem persönlichen Einsatz bei ihrer Arbeit unterstützen.

Hierzu zählt auch das Lehrerehepaar Carmen Carola Mander und Wolfgang Mander aus Detmold, die mit ihrer Ernährungsfibel „Mehr Power durch gesunde Ernährung" den Kids und Teenies einen Wegweiser in Wort und Bild an die Hand geben. Mit dem Verkauf dieses Buches verbinden sie gleichzeitig ihr soziales Engagement und ihre Solidarität für krebskranke Kinder: Denn der Reinerlös jedes verkauften Buches kommt der Deutschen KinderKrebshilfe zugute. Ein nachahmenswertes Beispiel, wie wir meinen.

Jährlich erkranken in Deutschland etwa 2000 Kinder und Jugendliche neu an Krebs. Die häufigsten Krebsdiagnosen bei den unter 15jährigen sind Leukämien, Tumoren des zentralen Nervensystems und Lymphknotenkrebs. Die Zahl der Krebserkrankungen im Kindesalter hat sich in den letzten Jahren kaum verändert, die Überlebenschancen der Betroffenen konnten die Ärzte dagegen erheblich steigern. Während beispielsweise vor 20 Jahren kaum ein an Leukämie erkranktes Kind überlebte, werden heute bis zu 70 Prozent der kleinen Patienten geheilt.

Aktiv helfen und Mut zu positiven Gedanken geben, darin sieht die Deutsche KinderKrebshilfe eine ihrer wichtigsten Aufgaben. Konkret heißt das, daß sie sich für die Verbesserung der Situation krebskranker Kinder einsetzt. Zu den Schwerpunkten zählen die Errichtung von Kinderkrebszentren und -stationen, die Überbrückung von personellen Engpässen bei Ärzten und Schwestern, die krebskranke Kinder versorgen; der Bau von Elternhäusern und -wohnungen, damit die Eltern während der Therapie bei ihrem Kind sein können sowie die Einrichtung kindgerechter Räume und Spielzimmer in den Kliniken. Zum Förderprogramm gehört aber auch ebenso die Ausstattung von Kinderkrebskliniken mit Computersonographiegeräten – sie ermöglichen eine schmerzlose und strahlungsfreie Therapiekontrolle – sowie die Unterstützung von Therapiestudien, die helfen sollen, die Qualität der Betreuung krebskranker Kinder zu verbessern.

Mit insgesamt über 97 Millionen Mark haben die Deutsche Krebshilfe und ihre Tochterorganisation, die Deutsche KinderKrebshilfe, bisher mehr als 275 Projekte finanziert, die dazu beigetragen haben, die Erfolge in der Behandlung krebskranker Kinder zu erhöhen.

Doch auch wenn Erfolge unsere Arbeit zum Wohle krebskranker Kinder kennzeichnen, so ist der Sieg über die Krebserkrankung im Kindesalter noch nicht errungen. Wir werden daher auch weiterhin nichts unversucht lassen dazu beizutragen, daß in Zukunft auch den Kindern geholfen werden kann, für die es bis heute noch keine erfolgreichen Behandlungsmethoden gibt.

Für die Veröffentlichung dieses Buches danken wir ganz besonders herzlich Carmen Carola Mander und Wolfgang Mander, dem Verlag topp+möller, Detmold, sowie allen, die zu der Realisierung dieser Buch-Idee und ihrer Veröffentlichung beigetragen haben. Ein Dank allen Käufern dieses Buches, die dadurch unsere weitere Arbeit zum Wohle krebskranker Kinder unterstützen.

Alles Gute, vor allem Gesundheit wünscht

Ihre Deutsche KinderKrebshilfe

Die Adresse:
Deutsche KinderKrebshilfe
Thomas-Mann-Straße 40
53111 Bonn
Telefon (02 28) 7 29 90-0

Spendenkonto:
Kto. **90 90 93**
BLZ 380 500 00
Sparkasse Bonn

Vorwort des Kinderarztes

Die moderne Medizin ist auf vielen Feldern äußerst erfolgreich.
Es gelingt ihr, Krankheiten zu erkennen und zu bekämpfen, deren
Behandlung vor kurzem noch undenkbar war. In der Vorbeugung von
Krankheiten sind wir weniger erfolgreich. In jungen Jahren werden
häufig die Grundlagen für spätere Erkrankungen gelegt.

Viele unserer Lebensbedingungen sind unveränderbar und der
einzelne ist ihnen einfach ausgesetzt. Andere Faktoren sind unsere
Ernährung und das Maß unserer körperlichen Aktivität.

Beides hat großen Einfluß auf die Entwicklung des Kindes und des
Jugendlichen. Beides hat langfristige Einflüsse auf die Manifestation
späterer Erkrankungen bis ins hohe Alter. Beides wird aber durch die
modernen Lebensverhältnisse leicht unterschätzt und vernach-
lässigt. Die unmittelbaren Folgen können verheerend sein und weit
über die körperliche Entwicklung hinaus die seelische Verfassung
von jungen Menschen nachhaltig beeinträchtigen.

Unsere Gesellschaft ist von einem Überfluß des Angebots an
Nahrung geprägt. Das übergewichtige Kind, der übergewichtige
Jugendliche sind zu einem Problem geworden. Zu allem Überfluß
regen unsere Lebensumstände viele junge Menschen nicht mehr zu
einer altersentsprechenden körperlichen Aktivität an.

Natürlich gibt es eine angeborene Neigung zu Übergewicht, die
familiäre Häufung ist unbestreitbar. Manchmal sind es Kinder mit
niedrigem Geburtsgewicht, bei denen die Eltern zunächst froh um
jeden Schluck Milch, um jeden Bissen Brei, um jeden Löffel Suppe
sind, den das Kind zu sich nimmt. Diese forcierte Nahrungszufuhr
wird leicht zur Gewohnheit. Plötzlich ist aus einem zarten Kerlchen
ein übergewichtiges Kind geworden. Was Eltern, häufig auch Groß-
eltern, besonders beglückt, wandelt sich unmerklich in das Gegenteil.

Auch die Vernachlässigung von Kindern kann ein Grund für falsche Ernährung sein. Manchen Eltern fällt es leichter, ihre Kinder mit einem großzügigen Taschengeld auszustatten, statt sich sonst mit ihnen zu beschäftigen. Das Taschengeld wird oft in Pommes und Hamburger angelegt. Ist das Problem erkannt, ist die Umkehr umso schwieriger, je später man sich um die Lösung bemüht.

Vielleicht hat auch primär die Bewegungsarmut eine wichtige Rolle gespielt. Wie dem auch sei: mit Sicherheit beginnt eines Tages der Spott der Kameraden. Mit Sicherheit führen Trägheit und Scham über die körperliche Entstellung zum Rückzug vom sportlichen und sozialen Geschehen. Der Teufelskreis hat begonnen. Der Rückzug von altersentsprechenden Aktivitäten und die Isolation führen häufig wiederum zum Essen als Ersatzbefriedigung und zur weiteren Gewichtszunahme.

Dieses Buch ist ein lobenswerter Versuch, Kindern und Heranwachsenden für eine wichtige Facette unseres Lebens die Augen zu öffnen. Die Autoren haben dieses Buch geschrieben, um unseren Kindern die Bedeutung einer gesunden Ernährung zusammen mit einer ausreichenden körperlichen Bewegung bewußt zu machen. Mit pädagogischem Geschick haben sie es unter Einbeziehung ihrer Schüler fertiggebracht, das Thema altersgerecht zu behandeln. Wer als Kind die Bedeutung einer gesunden Ernährung begreift, hat die Chance, die Prinzipien in das Erwachsenenalter mitzunehmen. Ich wünsche dem Buch den verdienten Erfolg.

Prof. Dr. med. W. Andler

Vorwort der Autorin

Die kleine Carmen wog bei ihrer Geburt nur 2000 Gramm. Sie wurde schnell hochgepäppelt und hatte zum Stolz der Eltern bald „stramme Bollen" bekommen, gleichzeitig aber auch sehr viele Fettzellen angelegt. Nach langen, entbehrungsreichen Kriegsjahren wurde im allgemeinen zunächst einmal viel gegessen – verderben durfte natürlich nichts. Der viel zu volle Teller mußte leer gegessen werden, und so wurde aus der kleinen dicken Carmen ein dicker Teenager, der schnell das Mauerblümchendasein in der Tanzschule leid war und gnadenlos zu hungern anfing. Durch häufige Nulldiät-Phasen kam es zum Verlust von vier Speicheldrüsen und zur Störung des Stoffwechselgeschehens. Die hierdurch bedingte immer wieder schnelle Gewichtszunahme veranlaßte zum Abführmittel-mißbrauch, der zwar das Gewicht einigermaßen konstant hielt, schließlich jedoch zu einem Zwerchfellriß führte.

Die sich daran anschließende – für andere Personen völlig „normale" – Ernährung bewirkte eine Gewichtszunahme bis auf 102 kg mit erheblichen gesundheitlichen Problemen: Gallensteine, Herz-Kreislauf-Probleme und Bluthochdruck. Die körperliche und geistige Leistungsfähigkeit verringerte sich zunehmend. Der Rat vieler Ärzte, das Gewicht nun langsam zu reduzieren, war zwar berechtigt, berücksichtigte jedoch nicht die psychische Komponente: Die langsam und mühevoll abgehungerten Pfunde waren nach nur einer Geburtstagsfeier schnell „wieder drauf", und der Frust war dann um so größer.

Offen blieb wieder nur der eine Weg: Die schnelle, von Erfolgserlebnissen begleitete (alte Kleidungsstücke paßten plötzlich wieder), aber gefährliche Gewichtsabnahme. Zur Vermeidung gesundheitlicher Schäden mußten bei einer Zufuhr von nur 400 kcal (1674 kJ) täglich die Lebensmittel so ausgewählt werden, daß sie nicht nur wenig Kalorien hatten, sondern alle wichtigen Vitamine und Mineralstoffe enthielten, die der Körper benötigte.

Dabei wurde natürlich immer wieder auch einmal „gesündigt". „Lachte" einen beim Einkauf des nun üblichen Mehrkornbrotes ein mit Sahne und Kirschen gefüllter Windbeutel „an", so wurde er gekauft und zusammen mit einer Tasse Kaffee langsam und genüßlich verspeist. Das war es dann für den Tag. Auf der anderen Seite passierte es schließlich, daß trotz Hungers nach einem langen Einkaufsvormittag Pizza-, Pommes- und Bratwurstduft als unangenehm empfunden, die Lust auf Birnen und Äpfel beim Vorbeigehen an einem Marktstand jedoch riesig wurde. Das Geschmacksempfinden hatte sich verändert. Durch zusätzliche sportliche Betätigung konnte schließlich innerhalb von 9 Monaten das Gewicht um 43 kg reduziert und seitdem trotz langsamer Steigerung der Kalorienzufuhr bis auf den Normalwert mit einer Schwankungsbreite von 3 kg gehalten werden, wobei die körperliche und geistige Leistungsfähigkeit permanent zunahm und die Abwehrkräfte gestärkt wurden: Waren früher Erkältungskrankheiten mindestens alle 6 Wochen an der Tagesordnung, so ist an sie seit über einem Jahr nicht mehr zu denken.

Für dieses „MEHR" an „POWER" sei hier meinen beiden Ärzten, Herrn Dr. Ahlemeyer und Herrn Dr. Echterhoff, gedankt, die mir mit manch gutem Tip und einem stets offenen Ohr beigestanden haben.

Den ersten Anstoß zu diesem Buch gab das Verhalten vieler meiner normalgewichtigen Schülerinnen, die plötzlich der Ansicht waren, viel zu dicke Bäuche und Beine zu haben, und nun entweder nichts mehr oder nur noch sehr wenig aßen. Dieses infolge entstellter Schönheitsideale entstandene falsche Eßverhalten sowie die einseitigen und übermäßigen Ernährungsgewohnheiten, die ich schon vorher bei vielen Schülern beobachtet hatte, soll das Buch zu vermeiden helfen. Darüber hinaus soll es aber auch denjenigen Erwachsenen Mut machen, die die Hoffnung auf ein „dünneres" und somit „gesünderes" Leben schon längst begraben haben. Schließlich soll

am Rande noch das kritische Bewußtsein insbesondere der Heranwachsenden gestärkt werden, indem auf weitere Probleme aufmerk-
sam gemacht wird z. B. auf die zunehmende Schadstoffbelastung
unserer Lebensmittel und auf die Unter- und Mangelernährung in
vielen Entwicklungsländern und die damit verbundenen Krankheiten;
denn es ist gerade die heranwachsende Generation, die diese Probleme zu bewältigen hat.

Wenn schließlich durch den Verkauf des Buches der „Deutschen
KinderKrebshilfe" genügend Gelder zur Verfügung gestellt werden
könnten, um vielen Kindern ein besseres oder sogar wieder ein gesundes Leben zu ermöglichen, so hätte dieses Buch sein Ziel erreicht, nämlich:

MEHR POWER FÜR ALLE

Carmen Carola Mander

0. Einleitung

Bereits seit einigen Jahren existieren Empfehlungen des Kultusministeriums des Landes Nordrhein-Westfalen, die Gesundheitserziehung in den Schulen zu verstärken. Viele Grundschulen und weiterführende Schulen haben aus diesem Grund Themen wie „Gesundheit und Ernährung" oder „Gesundheit und Sport" in unterschiedlichster Form in ihre Schulprogramme aufgenommen.

Wie zunehmend wichtig dies ist, zeigen Beobachtungs- und Befragungsergebnisse. Schüler essen in der Regel nur noch schnell, mal so zwischendurch und in erster Linie das, was ihnen die Werbung jeden Tag präsentiert. Die Fast-Food-Generation ernährt sich im allgemeinen zu süß, zu salzig, zu fett- und zu eiweißreich, jedoch zu vitamin-, mineralstoff- und ballaststoffarm.

In unserer permanent hektischer werdenden Zeit sind Eltern dankbar für die expandierende Fertigproduktpalette der Lebensmittelindustrie, die kurze Zubereitungszeiten gewährleistet. Klassische Ernährungsformen mit möglichst frischen Lebensmitteln, die eine längere Zubereitungszeit erfordern, und althergebrachte Lebensmittelkombinationen treten immer mehr in den Hintergrund, obwohl es heutzutage viel einfacher geworden ist, auf Vorrat zu kochen, einzufrieren und schnell in der Mikrowelle aufzuwärmen. Hinzu kommt der Bewegungsmangel vieler Schüler durch zunehmenden Fernseh- und Video-Spiel-Konsum.

Resultate dieser allgemeinen Entwicklungen sind nicht nur immer mehr Kinder und Jugendliche mit Übergewicht, ja sogar mit erhöhtem Cholesterinspiegel und Bluthochdruck, sondern auch die zunehmenden Zahlen verhaltensauffälliger Schüler; denn Vitamin- und Mineralstoffmangel kann durchaus Ursache für Konzentrations- und Leistungsschwäche sowie Aggressivität sein.

Zur Lösung dieser Probleme hält die Industrie eine Menge bereit:

– Vitaminpräparate und Beruhigungsmittel finden immer stärkeren Absatz.
– Immer mehr Lebensmittelfertigprodukte werden mit Vitaminen und Mineralstoffen angereichert.
– Zucker wird zum großen Teil durch andere Süßstoffe ersetzt.
– Der Fettanteil der Lebensmittel soll durch Fettersatzstoffe reduziert werden.

Aus vielerlei Gründen ist dieser Weg sicherlich nicht der beste. Geeigneter ist eine gesunde Ernährung auf natürlicher Basis, die eine teilweise Veränderung des bisherigen Eßverhaltens voraussetzt. Dieses zu leisten ist nun auch Aufgabe der Schulen geworden, denn bereits 1973 schrieb Prof. Dr. med. Holtmeier, Leiter der Abteilung Ernährungsphysiologie an der Universität Hohenheim: „Die medizinischen Erfahrungen haben gezeigt, daß die Lehre über Grundsatzfragen der Ernährung nicht erst im Erwachsenenalter, sondern vor allem in der Schulerziehung erfolgen muß. Nichts ist für junge Menschen schwieriger, als sich von falschen Ernährungsgewohnheiten der Eltern zu trennen, wenn ihnen hierbei nicht die Schule frühzeitig durch Aufklärung hilft."[1] Hierbei bereitet allerdings die Beschaffung geeigneter Unterrichtsmaterialien Probleme. Das vorhandene Material ist zum größten Teil sehr abstrakt und somit nicht schülergerecht, oder es beleuchtet immer nur einen kleinen Teilaspekt. Daher bleibt es bisher dem Engagement der einzelnen Lehrkraft überlassen, bezogen auf die jeweilige Schülergruppe geeignetes Material zu erstellen.

Während einer Projektwoche zum Thema „Gesundheit" an unserer Schule wurde deshalb einigen Schülern ein Buch für Zuckerkranke (Diabetiker)[2] vorgestellt, in dem die üblichen Nahrungsmittel in ihren jeweiligen Portionsmengen fotographisch dargestellt werden und sich die Angaben zu den Kalorien und Grundnährstoffen auf die entsprechenden Mengen beziehen. Auf diese gerade für Diabetiker sehr gelungene Art der Präsentation reagierten auch die Schüler äußerst positiv, da sie sich bedingt durch die bildliche Darstellung unter den entsprechenden Angaben konkret etwas vorstellen konnten, was bei den üblichen Kalorien- und Nährwerttabellen eben nicht der Fall ist.

---

[1] Holtmeier, Prof. Dr. med., H.-J.: Vorwort zur 1. Auflage in: Schlieper, Cornelia A. : Grundlagen der Ernährung, Felix Büchner Verlag Hamburg 1992, 11. Aufl., S. 3
[2] Echterhoff, H.-H., Echterhoff, S.: Alles ist erlaubt... , Ernährungsatlas für Diabetiker. 1. Aufl., Bielefeld 1994

Es wurde klar, daß ein Ernährungsbuch für Schüler ganz ähnlich auszusehen hat, wobei für die Ernährung gerade von Kindern und Jugendlichen freilich Angaben zu Broteinheiten relativ uninteressant, Angaben zu Vitaminen und Mineralstoffen jedoch von großer Bedeutung sind.

Die Idee zu diesem Buch war nun endgültig geboren, wobei sich zwei zentrale Fragen stellten:

– Was ist überhaupt gesunde Ernährung, bei der doch „alles erlaubt ist"?

– Wie vermittelt man Schülern dieses Thema über die bildliche Darstellung hinaus?

Diese Fragen verdeutlichen, worum es in dem Buch gehen wird. Es ist zwar in erster Linie an Kinder und Jugendliche (insbesondere von Klasse 3 bis Klasse 8) gerichtet, aber natürlich auch an Eltern und Lehrer: Denn ohne die Unterstützung der Erwachsenen können die Heranwachsenden kein vernünftiges Eßverhalten erlernen. Deshalb werden in den beiden folgenden Kapiteln zunächst die zuvor gestellten Fragen beantwortet: Zum einen wird aufgezeigt, wie sich einige der sogenannten Zivilisationskrankheiten (z. B. Fettsucht, Karies, Diabetes mellitus Typ II, Gicht, Struma, Krebserkrankungen) vermeiden lassen, zum anderen wird dargestellt, zu welchen Leistungen Schüler fähig sind, wenn man sie nur läßt. Davon kann sich jeder anhand des dritten Kapitels, das von Schülern für Schüler gemacht wurde, überzeugen.

Die sich hieran anschließenden Kurzreferate dienen der weiteren Vertiefung des Themas „Gesundheit".

Diejenigen, die sich nicht zu theoretisch mit dem Thema beschäftigen wollen, sollten Kapitel 1 und 2 zunächst überschlagen und zusammen mit den Kindern das Kapitel 3 durcharbeiten.

1. Gesunde Ernährung

„Gesund" ist die Ernährung dann, wenn sie langfristig die körperliche und geistige Entwicklung sicherstellt, wenn sie die Konzentra-
tions- und Leistungsfähigkeit fördert und die Widerstandskraft
gegenüber Krankheiten stärkt. Hierzu müssen dem Körper alle Nährstoffe (Eiweiß, Fett, Kohlenhydrate, Vitamine und Mineralstoffe) und
Ballaststoffe im ausgewogenen Verhältnis zueinander und in
altersgemäßer Menge sowie ausreichend Flüssigkeit mit den
Lebensmitteln zugeführt werden.

Das erreicht man am sichersten mit einer vollwertigen Ernährung, die
bereits seit über 30 Jahren von der Deutschen Gesellschaft für
Ernährung (DGE) propagiert wird und die für alle gesunden
Menschen optimal ist.

Wer bereits erkrankt ist (z. B. an Fettsucht, Diabetes mellitus Typ II,
Gicht, Struma oder Krebserkrankungen), sollte sich teilweise anders
ernähren, d. h. nach einer bestimmten Diät, bei der auch schon einmal etwas für einen gewissen Zeitraum eingeschränkt sein kann.

Laut DGE sollte das Essen:
1. vielseitig, d. h. abwechslungsreich sein, wobei Fisch, Fleisch und
   Eier nicht zu oft und insgesamt nicht zuviel gegessen werden
   sollte; (vgl. Ernährungskreis Abb. 1)
2. weniger fett sein;
3. würzig, aber nicht salzig sein;
4. wenig Süßes beinhalten;
5. mehr Vollkornprodukte enthalten;
6. reich an Gemüse, Kartoffeln und Obst sein;
7. weniger tierisches Fett enthalten;
8. öfters in kleineren Mahlzeiten angeboten werden;
9. schmackhaft und nährstoffschonend zubereitet werden;
10. und die Getränke sollten kalorienarm sein.

Die Regeln enthalten keine Ge- und Verbote, sondern sind Empfehlungen, die den Spaß und die Freude am Essen erhalten, vielleicht sogar steigern sollen. Seltene „Ausrutscher" werden hingenommen, denn für den Gesunden, der im Alltag nach diesen Regeln kocht und ißt, gilt das Motto: „Einmal ist keinmal".

So ist grundsätzlich alles erlaubt – auch die Lieblingsspeisen unserer Kids und Teenies wie z. B. Pizza, Pommes rot/weiß, Currywurst, Hamburger, Spaghetti mit Tomatenketchup, Eis, Limo und Bonbons, wenn durch die Ergänzung mit anderen Lebensmitteln oder durch geringe Variationen (siehe Tips und Rezepte in Kap. 3.8) das Gleichgewicht der Nährstoffe sichergestellt wird. Dabei sollte jedoch nicht die empfohlene Energiemenge (gemessen in Kilokalorien, kcal; vgl. Abb. 3 und Abb. 4) überschritten werden, um das Entstehen von Übergewicht zu verhindern (vgl. Abb. 5 und Abb. 6).

Mit Hilfe des Bilderteiles dieses Buches läßt sich die Nährstoff- und Kalorienzufuhr bestimmen. Wie hoch sie je nach Alter bzw. Gewicht sein sollte, läßt sich im vorgeschalteten Tabellenteil nachschlagen.

Die Vollwert-Ernährung, die 1942 von Kollath begründet und inzwischen von v. Koerber, Leitzmann und Männle aktualisiert wurde, geht gegenüber der vollwertigen Ernährung noch einige Schritte weiter. Ihr zufolge sollte die Hälfte der Nahrungsmenge als Rohkost (unerhitzte Frischkost) verzehrt werden. Es wird überhaupt großer Wert auf die Frische und den geringen Verarbeitungsgrad der Lebensmittel gelegt. Die Lebensmittel werden diesbezüglich in vier Wertstufen eingeteilt:[1]

Stufe I **Sehr empfehlenswert (etwa 50% der Nahrung)**
sind z. B. folgende nicht oder gering verarbeitete (unerhitzte) Lebensmittel:
Frischkornmüsli, Frischgemüse, Frischobst, Nüsse, Sonnenblumenkerne, Vorzugsmilch, natürliches Mineralwasser, frische Kräuter und Gemüse, süßes Obst zum Süßen

---

[1] Auszug aus der Orientierungstabelle für die Vollwert-Ernährung in: v. Koerber, Leitzmann, Männle: Vollwert-Ernährung. Konzeption einer zeitgemäßen Ernährungsweise. 8. Aufl., Heidelberg 1994, S. 136f

Stufe II   **Sehr empfehlenswert (etwa 50% der Nahrung)**
sind z. B. folgende mäßig verarbeitete (vor allem erhitzte) Lebensmittel:
Vollkornbrot, Vollkornnudeln, Vollkornfeinbackwaren, erhitztes Gemüse, Tiefkühlgemüse, Tiefkühlobst, gekochte Kartoffeln (mögl. Pellkartoffeln), erhitzte Hülsenfrüchte, geröstete Nüsse, Butter, pasteurisierte Vollmilch, Milchprodukte ohne Zutaten, Käse ohne Zusatzstoffe, Fleisch o. Fisch o. Eier 1–2 x / Woche, Kräuter- und Früchtetees, verdünnte Frucht- und Gemüsesäfte, getrocknete Kräuter, jodiertes Kochsalz

Stufe III   **Weniger empfehlenswert (nur selten zu verzehren)**
sind z. B. folgende stark verarbeitete (vor allem konservierte) Lebensmittel:
Weißbrot, Graubrot, weiße Nudeln, Cornflakes, weißer Reis, Gemüse- und Obstkonserven, gesalzene Nüsse, ungehärtete Pflanzenmargarine, H-Milch (-produkte), Milchprodukte mit Zutaten, Käse mit Zusatzstoffen, Fleischwaren, Wurstwaren, Fischwaren- und konserven, Fruchtnektare, Kakao, Bohnenkaffee, schwarzer Tee, Kochsalz, Zuckerrübensirup

Stufe IV   **Nicht empfehlenswert (möglichst zu vermeiden)**
sind z. B. folgende übertrieben verarbeitete Lebensmittel und Isolate bzw. Präparate:
Getreidestärke, Vitamin- und Mineralstoffpräparate, Tiefkühlgerichte, Pommes frites, Chips, Kartoffelstärke, Nuß-Nougat-Creme, gehärtete Margarinen, Sterilmilch, Kondensmilch, Milchpulver, Milchzucker, Schmelzkäse, Innereien, Limonaden, Cola-Getränke, Fruchtsaftgetränke, Instant-Kakao, Aromastoffe, Geschmacksverstärker, Haushaltszucker, Traubenzucker, Fruchtzucker, Süßwaren, Süßigkeiten, Süßstoffe

Der geringe Verarbeitungsgrad und die Forderung nach „Frische" der Lebensmittel kommt nicht nur der Gesundheit, sondern auch der Umwelt entgegen, da sich die Verpackungsmüll-Menge hierdurch erheblich reduzieren läßt. Bei der Vollwert-Ernährung werden überhaupt Umwelt- und Sozialverträglichkeit des gesamten Ernährungssystems in die Betrachtungen einbezogen. Das bedeutet, Produkte aus artgerechter Tierhaltung und kontrolliert-ökologischem Anbau zu bevorzugen (vgl. Kapitel 4) sowie eine gerechtere weltweite Verteilung der Nahrungsmittel anzustreben (vgl. Kapitel 5).

1.1 Zusammensetzung der Nahrungsmittel

Das folgende Schaubild verdeutlicht die Zusammensetzung der Nahrungsmittel und die Funktionen ihrer einzelnen Bestandteile:

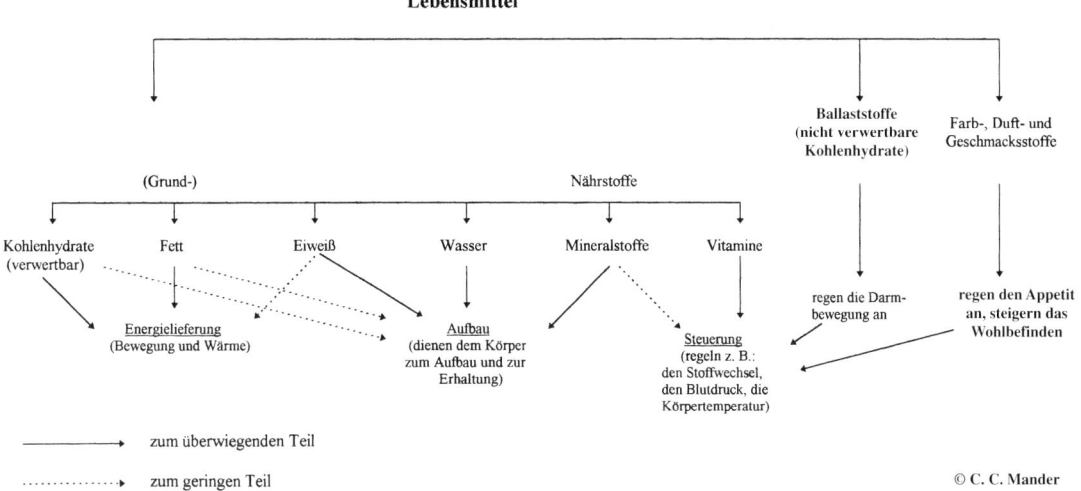

1.1.1 Grundnährstoffe

Grundnährstoffe sind die energie- und baustoffliefernden Nährstoffe Kohlenhydrate, Eiweißstoffe und Fette. Ihr Energiegehalt wird in Kilokalorien (kcal) bzw. Kilojoule (kJ)[1] gemessen. Eine kcal ist die Energiemenge, die benötigt wird, um 1 Liter Wasser von 14,5 °C auf 15,5 °C zu erwärmen. Die Nährstoffe liefern bei ihrer Verbrennung unterschiedlich viel Energie:

– 1g Kohlenhydrate liefert 4,1 kcal (bzw. 17 kJ)
– 1g Eiweiß liefert   4,1 kcal (bzw. 17 kJ)
– 1g Fett liefert   9,3 kcal (bzw. 38 kJ)

Das Fett ist also der Hauptenergielieferant, d. h. wer abnehmen möchte, sollte vorrangig den Fettkonsum einschränken.
Die Kohlenhydrate lassen sich unterscheiden in verwertbare, (d. h. energieliefernde) und nicht verwertbare, (d. h. nicht energieliefernde Kohlenhydrate). Letztere sind vorwiegend unter dem Begriff „Ballaststoffe" bekannt. Weil sie begrifflich zusammengehören, werden auch sie im Bilderteil (Kapitel 3) in der Rubrik „Grundnährstoffe" genannt. Das gilt auch für das Wasser, da es bei vielen

---

[1] 1 kJ ≈ 0,24 kcal

Lebensmitteln Hauptbestandteil ist. Wie die Ballaststoffe ist es jedoch kein Energielieferant.

Folgende prozentuale Grundnährstoffzufuhr wird im allgemeinen empfohlen:

– *Kohlenhydrate 55 bis 60%*
– *Eiweiß   10 bis 15%*
– *Fett   30%*

Kinder und Jugendliche haben einen erhöhten Eiweißbedarf.
Das gilt auch für Sportler, insbesondere Leistungssportler, die zudem noch sehr viele Kohlenhydrate als leicht mobilisierbare Energie-reserven benötigen.
Das genannte Verhältnis muß nicht unbedingt an einem Tag ein-gehalten werden, sollte aber möglichst innerhalb einer Woche erreicht sein.

1.1.1.1. Kohlenhydrate

Kohlenhydrate sind entweder einfache Zucker oder Verbindungen von einfachen Zuckern. Man unterteilt sie in drei Gruppen:

1. **Einfachzucker**	2. **Zweifachzucker**	3. **Vielfachzucker**
(Monosaccharide)	(Disaccharide)	(Polysaccharide)
– Traubenzucker	– Rohr-o. Rübenzucker	– Stärke
(Glucose)	(Saccharose)	– Zellulose
– Fruchtzucker	– Malzzucker (Maltose)	– Hemizellulosen
(Fructose)	– Milchzucker(Lactose)	– Pektin

Die Stärke ist das wichtigste Nahrungskohlenhydrat. Sie ist in Getreidekörnern und den daraus gewonnenen Produkten vorhanden sowie in Kartoffeln.

Der Zucker kann nur in seiner Grundform (Einfachzucker) aus dem Darm in die Blutbahn gelangen, d. h. „blutzuckerwirksam" werden. Dabei wird der Traubenzucker schnell, der Fruchtzucker aber lang-sam aufgenommen. Die Geschwindigkeit dieser Resorption ist für Diabetiker von entscheidender Bedeutung, spielt aber auch bei der Auswahl des Schulfrühstücks eine Rolle, da die Energieversorgung des Gehirns ausschließlich auf die Zufuhr von Traubenzucker angewiesen ist. Dieser wirkt sich nämlich sofort auf die geistige Lei-stungsfähigkeit aus, während die Wirkung des Fruchtzuckers erst nach seiner teilweisen Umwandlung in Glucose später einsetzt, dafür aber länger anhält. Für die Stärke gilt das gleiche. Auch sie muß zunächst in Glucose umgewandelt werden, ehe sie ins Blut gelangt. Rohr- und Rübenzucker bestehen aus einem Anteil Glucose und einem Anteil Fructose. Er wird zum Teil langsam und zum Teil schnell resorbiert.

Empfohlen wird, täglich etwa 4-5g Kohlenhydrate pro kg Körpergewicht mit der Nahrung aufzunehmen (vgl. Abb. 7). Wird insgesamt zu energiereich gegessen, werden die Kohlenhydrate in Form von Fett gespeichert und können so zu Übergewicht führen.

Die Polysaccharide Zellulose, Hemizellulose und Pektin sind nicht verwertbare Kohlenhydrate (Ballaststoffe). Sie stammen aus den Zellwänden sowie aus dem interzellular gelegenen Material der Pflanzen und sind vor allem in Vollkornprodukten, Obst, Gemüse, Salaten, Nüssen, Hülsenfrüchten und Kartoffeln enthalten. Sie liefern keine Energie, verzögern jedoch die Entleerung des Magens und führen somit zu einem größeren Sättigungseffekt, was eine weitere Verringerung der Energiezufuhr ermöglicht. Ferner regen sie die Darmbewegung an, verkürzen die Darmpassagezeit, führen zu regelmäßigerer Stuhlentleerung und sind in der Lage, den Blutfettspiegel zu senken.

Um die Jahrhundertwende, als noch mehr Getreide und Hülsenfrüchte gegessen wurden, nahm ein Mensch fast 100g Ballaststoffe am Tag auf, wohingegen es heute nur noch ca. 20g sind. Erstrebenswert ist eine Zufuhr von mindestens 30g pro Tag.

1.1.1.2. Eiweiß

Das Eiweiß ist nur zum Teil Energielieferant. Seine wichtigste Aufgabe ist die Aufbau- und Erhaltungsfunktion. Es sorgt für den Erhalt und Ersatz sämtlicher Körperzellen.

Eiweißstoffe (Proteine) bestehen aus 20 verschiedenen Bausteinen, den Aminosäuren. Acht dieser Aminosäuren kann der menschliche Körper nicht selbst herstellen. Sie müssen mit der Nahrung zugeführt werden. Man nennt sie deshalb „essentielle Aminosäuren".

Pflanzliche und tierische Proteine unterscheiden sich in der Aminosäurenzusammensetzung von den menschlichen Proteinen. Die tierischen Proteine entsprechen eher dem Bedarfsmuster der menschlichen Körperproteine, da sie die essentiellen Aminosäuren in einem ähnlichen Mengenverhältnis enthalten, wie sie in den menschlichen Proteinen vorkommen.

Sie werden deshalb als „biologisch hochwertig" bezeichnet. Mindestens ein Drittel bis etwa die Hälfte der täglich zugeführten Proteine sollten deshalb in Form von Fleisch, Fisch, Geflügel, Eiern und Milchprodukten verzehrt werden.

Die Wertigkeit der Eiweißzufuhr läßt sich erhöhen, indem man pflanzliche und tierische Lebensmittel miteinander kombiniert. Hierbei werden die jeweils fehlenden essentiellen Aminosäuren gegenseitig ergänzt.

Ein bekanntes Beispiel liefern ausgerechnet Bratkartoffeln mit Ei – ein Gemisch aus 35% Eiprotein (ohne Dotter) und 65% Kartoffelprotein, das die höchste bisher beobachtete biologische Wertigkeit hat. Diese Tatsache ist deshalb besonders erfreulich, weil Kids und Teenies dieses Gericht für ihr Leben gern essen. Dafür verzichten sie – laut Umfrage – sogar auf Pommes Frites.

Weitere günstige Kombinationen sind beispielsweise:

– Weizen und Milch, Milchprodukte *– Brot mit Käse oder Quark*
– Hülsenfrüchte und Milch *– 1 Glas Milch zum Linseneintopf oder Joghurt oder Quark zum Nachtisch*[1]

Da Kinder und Jugendliche die essentiellen Aminosäuren in einem anderen Verhältnis benötigen als Erwachsene, gelten die zuvor gemachten Aussagen bezüglich der Wertigkeit für sie nur mit Einschränkungen. Sie haben jedoch durchaus ihre Berechtigung, wenn man die folgenden zusätzlichen Faktoren berücksichtigt:

– Der Eiweißbedarf von Kindern und Jugendlichen liegt eher im oberen Bereich (vgl. Abb. 7)
– Mindestens 50% der Eiweißstoffe sollten tierische Proteine sein, wobei Milch, Milchprodukte und Fisch gegenüber dem Fleisch zu bevorzugen sind.
– Daneben sind auch pflanzliche Eiweißstoffe aus Getreide, Kartoffeln und Hülsenfrüchten geeignet.

[1] Echterhoff, H.-H., Echterhoff, S.: Alles ist erlaubt... , Ernährungsatlas für Diabetiker. 1. Aufl., Bielefeld 1994

Eine hohe biologische Wertigkeit von Nahrungsproteinen läßt sich auch durch die Kombination bestimmter rein pflanzlicher Lebensmittel erreichen. Hierbei ergänzen sich besonders Hülsenfrüchte (Eiweißgehalt von mindestens 25%, jedoch mit geringer biologischer Wertigkeit) und Getreide bezogen auf ihre jeweiligen essentiellen Aminosäuren. Daher sollten vor allem Veganer (Vegetarier, die zudem noch den Verzehr von Eiern, Milch- und Milchprodukten ablehnen) zum Beispiel Brot zum Bohneneintopf essen.

Wenn zuviel Eiweiß aufgenommen wird, z. B. zuviel Fleisch bei der Ernährung von Kindern und Jugendlichen, werden die überschüssigen Aminosäuren in der Leber zur Energiegewinnung abgebaut bzw. zu Glucose oder Fett umgebaut – Übergewicht kann entstehen. Die Aufnahme von zuviel tierischem Eiweiß in Form von Fleisch und Eiern führt gleichzeitig zu einer zu hohen Zufuhr an Fett, Cholesterin und Purinen und ist somit ungünstig.

Nimmt man hauptsächlich Proteine mit geringer biologischer Wertigkeit zu sich, so dienen auch diese in erster Linie der Energiezufuhr und verursachen einen Mangel an essentiellen Aminosäuren und möglicherweise Übergewicht. Dabei können neue körpereigene Proteine, die für den Aufbau und den Erhalt der Körperzellen sorgen, nicht ausreichend hergestellt werden.

1.1.1.3. Fette

Fett ist mit über 9 kcal pro Gramm ein sehr wichtiger Energielieferant zum Beispiel für Schwerarbeiter. Wird jedoch mehr Fett aufgenommen als durch Arbeitsleistung und Grundumsatz wieder abgebaut wird, kommt es durch Speicherung des Fettes eventuell zum Übergewicht. Aber auch ein Überschuß an Kohlenhydraten und Eiweißen kann durch Umwandlung in Fett dementsprechend gespeichert werden. Fett kann also als Energielieferant durch diese Nährstoffe durchaus ersetzt werden.

Dennoch kann man auf Fett nicht ganz verzichten. Es wird benötigt, damit die fettlöslichen Vitamine A, D, E und K resorbiert werden können, d. h. aus dem Darm in die Blutbahn gelangen. Außerdem gibt es neben den ersetzbaren gesättigten und einfach ungesättigten Fettsäuren, die vom Körper selbst produziert werden können, auch die mehrfach ungesättigten Fettsäuren, für die das nicht zutrifft. Sie werden deshalb als essentielle Fettsäuren bezeichnet. Sie dienen dem Aufbau von Zellen und der Bildung von Gewebshormonen. Ihr Mangel kann zu schweren Stoffwechselstörungen führen.

Die verschiedenen Fettsäuren sollten je zu einem Drittel in der Nahrung vorkommen. So sind z. B. enthalten

gesättigte Fettsäuren in:
tierischen Produkten (Fleisch, Wurst, Käse, Milch)

einfach ungesättigte Fettsäuren in:
Olivenöl, Erdnußöl und Sesamöl

mehrfach ungesättigte Fettsäuren in:
Sonnenblumenöl und -margarine, Distel-, Mais-, Weizenkeim- und Sojaöl sowie in Seefischen

Ein Fettbegleitstoff von tierischen Fetten ist das Cholesterin. Cholesterin ist ein wichtiger Bestandteil von Zellmembranen. Eine zu hohe Zufuhr von Cholesterin in der Nahrung kann jedoch zu einer Erhöhung des Blutcholesterinspiegels, zur Schädigung der Blutgefäße und zu arteriosklerotischen Veränderungen führen. Sind die Blutgefäße des Herzens betroffen, kann ein Herzinfarkt die Folge sein. Einfach ungesättigte Fettsäuren sind ohne Einfluß auf den Cholesterinspiegel, wohingegen er durch mehrfach ungesättigte Fettsäuren (insbesondere durch Fischfette) und durch Ballaststoffe gesenkt wird.

Achten sollte man besonders auf die „versteckten" Fette in Wurst, Fleisch, Käse, Milch und Milchprodukten, Nüssen, Süßigkeiten und Chips.

Trotzdem ist es ratsam, gesunden und normalgewichtigen Kindern anstelle von entrahmter Milch und Magermilchprodukten Vollmilch und Vollmilchprodukte zu geben, da in ihnen mehr fettlösliche Vitamine vorhanden sind.

1.1.1.4. Wasser

Wasser ist der lebenswichtigste Nährstoff des Menschen, obwohl es dem Körper keine Energie liefert. Ohne Wasser kann der Mensch nur 3-4 Tage überleben, ohne feste Nahrung dagegen wesentlich länger. Ohne Wasser werden keine harnpflichtigen Substanzen mehr ausgeschieden; es kann zu Vergiftungserscheinungen, Blutverdickung und Kreislaufversagen kommen.

Das Wasser ist als Bestandteil der Zellen („intrazelluläres" Wasser) der Vermittler der Lebensvorgänge und Transportmittel für die aufgenommenen Nährstoffe. Ein Erwachsener mit einem Gewicht von etwa 70 kg sollte pro Tag ca. 2,5 Liter Wasser aufnehmen. Davon werden etwa 1,2 Liter in Form von Getränken oder flüssigen Nahrungsmitteln aufgenommen, etwa 1 Liter ist in Speisen enthalten, und etwa 0,3 Liter stammen aus dem Stoffwechsel. Der Wasserbedarf ist freilich auch vom Klima und der jeweiligen körperlichen Tätigkeit abhängig sowie von der Menge der aufgenommenen Nahrung und deren Salzgehalt. Er sollte generell durch kalorienarme Getränke wie z. B. Früchte- oder Kräutertees, verdünnte Fruchtsäfte und Mineralwasser gedeckt werden.

1.1.2 Vitamine

Vitamine sind organische Verbindungen, die nicht oder teilweise nur unzureichend vom Organismus gebildet werden können. Deshalb müssen sie dem Körper mit der Nahrung zugeführt werden. Vitamine sind also essentielle, d. h. unentbehrliche Nahrungsbestandteile. Sie sind in unseren Lebensmitteln in sehr unterschiedlicher Menge vorhanden, entweder als Vitamine oder als deren Vorstufe, den sog. Provitaminen, die in die entsprechenden Vitamine umgewandelt werden können. Das bekannteste Beispiel hierfür ist das Provitamin A, auch Carotin genannt. Es kommt ausschließlich in pflanzlichen Lebensmitteln vor. In seiner direkten Form ist das Vitamin A nur in tierischen Nahrungsmitteln enthalten.

Vitamine werden nur in kleinen Mengen benötigt, haben aber eine große Wirkung: Vitamine sind keine Energielieferanten und dienen auch nicht als Baumaterial für den Organismus. Sie sorgen vielmehr für die optimale Ausnutzung der Nahrung und für die Erhaltung und den ungestörten Ablauf der Funktionen des gesamten Stoffwechsels. Chemisch sind die einzelnen Vitamine sehr verschiedenartig aufgebaut, ebenso verschiedenartig ist die Funktion, die sie im Stoffwechsel erfüllen (vgl. Abb. 11a – d).

Man unterscheidet zwischen den fettlöslichen Vitaminen A, D, E sowie K und dem wasserlöslichen Vitamin C sowie den wasserlöslichen B-Vitaminen. Da es mehrere B-Vitamine gibt, spricht man aus historischen Gründen hier auch vom Vitamin „B-Komplex".

Der Körper kann die fettlöslichen Vitamine nur dann aufnehmen, wenn sie ihm in Verbindung mit Fett zugeführt werden. Bei den wasserlöslichen Vitaminen kann es im Gegensatz zu den fettlöslichen nicht zu einer Überversorgung kommen, da die überschüssigen Vitamine mit dem Harn ausgeschieden werden.

Vitamin D wird in der menschlichen Haut durch Sonnenbestrahlung oder Bestrahlung mit UV-Licht gebildet. Vitamin K wird von Darmbakterien gebildet und zum Teil vom Darm resorbiert. Gesunde Menschen sind daher nicht unbedingt auf die Zufuhr dieser Vitamine angewiesen, (weshalb sie in diesem Buch unberücksichtigt bleiben). Vitamin K-Mangel wird lediglich bei Säuglingen in der ersten Lebenswoche und im Greisenalter beobachtet. Die Eigenproduktion von Vitamin D ist nur bei Säuglingen und Kleinkindern nicht ausreichend, was in diesem Alter mitunter die Einnahme von Vitamin D-Präparaten notwendig macht.
Von den B-Vitaminen wurden nur die berücksichtigt, die in größeren Mengen benötigt werden (B1, B2 und B6).

Den täglichen Bedarf der einzelnen Vitamine veranschaulichen die Abbildungen 11a – d.

1.1.3 Mineralstoffe

Mineralstoffe sind anorganische Nahrungsbestandteile. Sie werden in Form von Salzen aufgenommen. Sie besitzen Aufbau- und Steuerfunktion, d. h. sie sind verantwortlich für die Erneuerung und den Erhalt von Körperzellen und z. B. des Knochens sowie für die Regulation von Stoffwechselvorgängen. Mineralstoffe sind essentielle Nährstoffe, d. h. der Mensch ist auf eine Zufuhr mit der Nahrung angewiesen. Die Mineralstoffe werden in zwei Gruppen eingeteilt, die durch die vom Organismus benötigte Menge definiert sind:

1. Die Mengenelemente
Natrium, Kalium, Calcium, Magnesium, Chlor und Phosphor werden in relativ großen Mengen (mehrere hundert Milligramm bis Gramm) benötigt.

2. Die Spurenelemente
Eisen, Kupfer, Zink, Nickel, Cobalt, Selen, Mangan, Molybdän, Vanadium, Chrom, Silicium, Jod, Fluor, Arsen sind nur in Spuren (einige Mikrogramm bis Milligramm) notwendig.

Die Mengenelemente Chlor und Phosphor sind in der Regel in ausreichender Menge in der Nahrung vorhanden, wohingegen es bei den übrigen Elementen dieser Gruppe zur Mangel- oder Überversorgung kommen kann. Deshalb werden nur diese Mineralstoffe in den Abbildungen 10a – e berücksichtigt. Zwar kann es auch beim Phosphor zu einer Überversorgung kommen; da sich die Experten bezüglich ihrer Folgen jedoch nicht einig sind, wird darauf nicht eingegangen. Die besondere Funktion des Natriums wird an anderer Stelle beschrieben werden.

Manche Spurenelemente haben für den Organismus lebensnotwendige Aufgaben, andere haben keine nachweisliche Funktion. Von einigen Spurenelementen weiß man nicht sicher, ob sie eine wichtige Aufgabe im Organismus haben. In den Abbildungen werden deshalb nur das Eisen und das Fluor aufgeführt.

Da es bezüglich des Jods in breiten Teilen der Bevölkerung zu einer erheblichen Unterversorgung gekommen ist, muß darauf an dieser Stelle ausführlicher eingegangen werden:

Der gravierende Jod-Mangel ist in erster Linie darauf zurückzuführen, daß unsere Lebensmittel – mit Ausnahme von Seefisch – nur äußerst geringe Mengen dieses Stoffes enthalten. Im Bilderteil des Buches wird in der Rubrik „Beurteilung" darauf hingewiesen, wenn ein Nahrungsmittel über einen erwähnenswerten Jodanteil verfügt.

Nach Meinung von Prof. Dr. med. H. Helge[1] läßt sich unser Jodbedarf (mind.150 μg/Tag) durch die normale Nahrungsaufnahme nicht decken. Die Schilddrüsen haben sich bereits auf diesen Zustand eingestellt. Die Jodmenge, die inzwischen vielfach dem Speisesalz beigesetzt wird, ist viel zu gering. Außerdem wird noch häufig nicht jodiertes Salz verwendet.

Daß es auch anders geht, stellte man überraschend nach der Wiedervereinigung Deutschlands in Berlin fest. Zunächst dachte man an einen Laborfehler, als Untersuchungsergebnisse zeigten, wieviel besser die Jodversorgung der Bürger aus den neuen Bundesländern war. Dann erfuhr man jedoch, daß in der ehemaligen DDR dem Tierfutter Jod zugesetzt wurde.

Ein anderes Beispiel stammt aus den USA, in denen Weißbrot absolutes Grundnahrungsmittel ist. Die Jodversorgung der Bevölkerung wird hier dadurch sichergestellt, daß dem Weißmehl bei der Verarbeitung Jod beigesetzt wird. Auch in Östereich und der Schweiz hat sich durch verstärkten Zusatz von Jod in Speisesalz die Versorgung extrem verbessert. In allen drei Ländern kam es nur in seltenen Fällen zu Nebenwirkungen mit Symptomen der Überfunktion der Schilddrüse. Vergleicht man diese jedoch mit den Auswirkungen der Unterversorgung, so sollte man sie in Kauf nehmen. Insbesondere kann Jodmangel während der Schwangerschaft dazu führen, daß das Neugeborene eine Unterfunktion der Schilddrüse aufweist, was schwere Entwicklungsstörungen verursacht, wenn es nicht spätestens in der 4. Lebenswoche entsprechend behandelt wird. Deshalb fordern die Kinderärzte, daß Schwangeren bei unzureichender Jodversorgung unbedingt Jodtabletten gegeben werden sollten.

Trotz der inzwischen eingeführten „Screening"-Verfahren (Kinderfrüherkennungsuntersuchungen) kommt es leider immer wieder vor, daß Erkrankungen wie diese nicht erkannt werden. In meiner nur achtjährigen Tätigkeit als Lehrerin hat einer meiner Schüler aus diesem Grund sogar zur Sonderschule überwechseln müssen.

[1] Helge, H., Prof. Dr. med., Kinderklinik der Freien Universität Berlin:
Vom klinischen Blick zur molekularbiologischen Diagnostik von Schilddrüsenerkrankungen.
Vortrag während eines pädriatischen Symposiums am 5. und 6. Juli 1996 in Recklinghausen.
Ferner persönliche Auskünfte.

Man kann diesen Mangel leicht durch Einnahme von Jodtabletten beheben oder durch gezielten Einkauf die Nahrungsmittelindustrie dazu bewegen, noch mehr Produkte mit Jod anzureichern. Eine weitere Möglichkeit besteht darin, 1-2 mal pro Woche Seefisch (insbesondere Schellfisch, Scholle und Seelachs) zu essen. Darüber hinaus sollte man nur hochgradig jodiertes Speisesalz verwenden. Eine hohe Salzzufuhr hat jedoch auch negative Auswirkungen. Je mehr Salz in der Nahrung ist, desto mehr trinkt man.

Natrium ist ein Hauptbestandteil des Kochsalzes. Die Höhe und die Verteilung der Wassermenge im Körper ist von der Natriummenge im Blut und im Körperwasser abhängig. Natrium(ionen) haben einen starken Einfluß auf die Regulation des Blutdrucks. Die langwierig erhöhte Zufuhr von Kochsalz soll eine Erhöhung des Blutdrucks mit allen ihren negativen Folgen (Gefäßschädigungen, Schlaganfall, Nierenschädigungen etc.) bewirken.

Zum Würzen sollte man deshalb besser frische Kräuter verwenden und dem Eigengeschmack der Speisen einen größeren Stellenwert beimessen. Das Salzen beim Kochen und bei Tisch sollte möglichst unterbleiben, und bei stark salzhaltigen Nahrungsmitteln (z. B. gepökelten und geräucherten Fleischwaren, gesalzenem und geräuchertem Fisch, Salzgebäck, Fertigsuppen und anderen Fertigprodukten) sollte man bei äußerst seltenem Verzehr auf Jod-Zusatz Wert legen.

1.2 Nährstoffdichte

Die Nährstoffdichte ergibt sich aus dem Verhältnis zwischen Nährstoffgehalt und Energiegehalt eines Lebensmittels.

$$\text{Nährstoffdichte} = \frac{\text{Nährstoffgehalt (µg, mg, g / 100g)}}{\text{Energiegehalt (kcal, kJ / 100g)}}$$

Eine hohe Nährstoffdichte der essentiellen Nährstoffe – essentielle Aminosäuren, essentielle Fettsäuren, Vitamine und Mineralstoffe – ist ein gutes Maß für die Qualität eines Lebensmittels. Gerade in der heutigen Zeit ist sie für unsere Ernährung sehr wichtig geworden: Denn unser Energiebedarf hat durch die geringen körperlichen Anforderungen, z. B. sitzende Tätigkeit, abgenommen, der Bedarf an essentiellen Nährstoffen ist jedoch geblieben. Deshalb muß bei der Zusammenstellung der Nahrung auf eine hohe Nährstoffdichte der essentiellen Nährstoffe geachtet werden. Das gilt besonders für die Ernährung von Kindern und Jugendlichen, da ihr Bedarf an essentiellen Nährstoffen erhöht ist. Aus diesem Grund wird der Wert eines Lebensmittels für die Ernährung im Bilderteil (Kapitel 3) mit Hilfe der Nährstoffdichte beurteilt. Dabei werden die wichtigsten zuvor beschriebenen Vitamine und Mineralstoffe zugrunde gelegt. Die hierauf bezogene Nährstoffdichte wird in Form von Verkehrsschildern dargestellt.
Auf einen beachtlichen Anteil an essentiellen Fettsäuren wird gegebenenfalls in Textform unter dem Verkehrsschild hingewiesen. Das gilt auch für andere über die Nährstoffdichte hinausgehende Beurteilungskriterien wie z. B. ballaststoffreich. Die in größeren Mengen weniger wünschenswerten Nahrungsmittelbestandteile Cholesterin und Natrium werden rechts und links neben dem Schild in bildlicher Form angegeben. Hierdurch wird eine umfassende Beurteilung eines Lebensmittels gewährleistet.

2. Projekt: „Schüler machen ein Buch für Schüler"

Die Idee, ein Ernährungsbuch für Kinder gemeinsam mit Schülern zu erstellen, entstand plötzlich während der Vorbereitung des Wirtschaftsunterrichtes. Zum Lerninhalt des Faches gehörten in diesem Schuljahr u. a. die „Produktentwicklung", die „Produkterstellung" und die „Produktvermarktung". Nichts lag näher, als so etwas an einem praktischen Beispiel zu behandeln. Und so ging es unter dem Aspekt „learning by doing" an die Planung des Projektes: „Schüler machen ein Buch für Schüler"; denn:

> Sage ich's dir,
>> so vergißt du es;
> zeige ich's dir,
>> so merkst du es dir vielleicht;
> lasse ich dich teilnehmen,
>> so verstehst du es.

2.1 Projektplanung

Was sich so schön und logisch anhört, ist jedoch gar nicht so einfach in die Realität umzusetzen, vor allen Dingen dann nicht, wenn man – bedingt durch den Rahmenplan – in relativ kurzer Zeit fertig sein muß. Bei nur zwei Wirtschaftsstunden wöchentlich mußte das Projekt straff durchorganisiert werden, wobei der folgende Ablauf geplant war.

A. Vorstellung der Idee
Produktentwurf: Inhalt des Buches
[Produktentwicklung 1]

*B. Beantragung des Projektes bei der Schulleitung und der Bezirks-
regierung*

C. Bedarfsanalyse bzw. Marktuntersuchung
– Wieviel läßt sich im Handel verkaufen?
– Gibt es Konkurrenz?
– Werden genügend Verbraucher kaufen?
– Wie teuer darf das Produkt sein, damit genug verkauft werden
kann?
[Produktentwicklung 2]

D. Kostenermittlung / Kostenkalkulation
– Mögliche Eigenleistungen
– Kosten für Fremdleistungen
– Suchen nach evtl. Sponsoren
– Festlegung des Produktpreises
[Produktentwicklung 3]
Anpassung an die wirtschaftlichen Bedingungen

E. Absatzpolitik bzw. Vermarktungsmechanismen
– Anzeigen- und Beilagenwerbung
– Außenwerbung (z. B. Plakate)
– Fernseh-, Rundfunk-, Film- und BTX-Werbung
– Direktwerbung mit grafischen Werbemitteln (z. B. Prospekte)
– Wertwerbung (z. B. Preisausschreiben)
– Schaufenster- und Verkaufsraumwerbung
– Werbeveranstaltungen (z. B. Messen)

F. Abschluß des Autoren-Vertrages mit dem Verleger
[Produktentwicklung 4]
– Produkterstellung

2.2 Projektdurchführung

Hätte man dieses Thema theoretisch behandelt, wären die Punkte C,
D und E nacheinander im Unterricht besprochen worden. In der
Praxis stellte sich jedoch sehr bald heraus, daß diese strenge

Reihenfolge nicht einzuhalten war. Die Beschreibung der Projekt-
durchführung wird das verdeutlichen.

Zunächst wurde den Schülern der Klasse 8d im Wirtschaftsunterricht mitgeteilt, daß sie eventuell ein Buch machen sollten. Der Inhalt
wurde ihnen vorgegeben. Verschiedene Lebensmittel sollten nach
Warengruppen geordnet fotografisch dargestellt werden. Über Warengruppen war bereits vorher im Wirtschaftsunterricht gesprochen
worden. Nun sollten Aussagen zu diesen Lebensmitteln gemacht
werden: Portionsgröße, Kaloriengehalt, Vitamingehalt, Mineralstoffgehalt, Verpackungsmüll-Menge. Der Bezug der Schüler zu diesen Inhalten war gewährleistet, da im bisherigen Unterricht
immer schon gesundheitliche und umweltbedingte Aspekte eine
Rolle gespielt hatten. Außerdem hatte eine vorab von mir durch-
geführte Bedarfsanalyse ergeben, daß ein solches Buch auf dem
Markt durchaus seine Berechtigung hätte, wenn man es adressaten-
gerecht gestalten würde. Das war nun Aufgabe der Schüler. Darüber
hinaus mußte versucht werden, möglichst viele Eigenleistungen zu
erbringen, um die Kosten für eventuelle Fremdleistungen gering zu
halten. Damit waren wir bereits bei der Kostenermittlung.

Um bestimmte Lebensmittel bezüglich ihrer Inhaltsstoffe darstellen
zu können, mußten die Daten zunächst einmal aufgenommen
werden. Diese Aufgabe wurde den Informatikschülern des 9. Jahrganges übertragen, da der Rahmenplan in diesem Jahrgang die
Themen „Datenbanken", „Tabellenkalkulation" und „Grafik" bein-
haltet. Für die Datenbeschaffung war somit der Informatikkurs
verantwortlich, für die Auswahl der Produkte und der Produktmenge
die Klasse 8d. Hierzu wurden ca. 200 Schüler hinsichtlich ihrer
Eßgewohnheiten befragt. So fanden die meistgenannten Lebensmittel der Schüler zunächst Berücksichtigung, bevor sie durch
weitere, in der Regel „bessere" Nahrungsmittel ergänzt wurden.

Die Informatikschüler hatten reichlich zu tun und trugen erheblich
zur Senkung der Gesamtkosten bei. Die Klasse 8d machte sich nun
über die fotografische Darstellung Gedanken. Nach dem ersten
Gespräch mit dem Verleger, Herrn Peter Schurzfeld, drohte das Projekt wegen der Fotos – Gesamtkosten ca. 25.000 DM – zu scheitern.
Der Ausspruch des Verlegers: „Nichts gegen Ihre Schüler, aber das
schaffen die nie!", löste in der Klasse und bei mir einen Motivations-
schub aus. „Das schaffen wir doch!", sagten die Schüler und
machten sich teilweise sogar in ihrer Freizeit mit Unterstützung der
Foto-Designerin Frau Susanne Schweitzer an die Arbeit. Die von
dem Geschäftsführer des Real-Marktes in Detmold, Herrn Adolf Erdt,

kostenlos zur Verfügung gestellten Lebensmittel wurden liebevoll und mit viel Phantasie auf dem Teller angerichtet, fotografiert und anschließend verzehrt. Dabei ging es teilweise sehr lustig zu. Diese Leistung überzeugte den Verleger, und er war bereit, das Projekt zu unterstützen, unter der Bedingung, daß für entsprechende Vermarktungsmechanismen gesorgt würde.

Von Anfang an waren die Schüler der Meinung gewesen, daß das genannte Thema für Kinder nur dann interessant ist, wenn bekannte Figuren darin vorkommen. Ihre Vorstellungen reichten von Ernie und Bert über Bugs Bunny, Asterix und Obelix bis hin zu den Mainzelmännchen. Die amerikanischen Lizenzgeber lehnten eine Beteiligung ab, während die Verhandlungen bezüglich Asterix und Obelix bedingt durch den Generalstreik in Frankreich leider ins Stocken gerieten. Obwohl wir auch dort sicherlich zu einem positiven Vertragsabschluß gekommen wären, entschieden wir uns nicht nur aus zeitlichen Gründen für die Mainzelmännchen, sondern auch hinsichtlich der inhaltlichen Aspekte. Auf den zweiten Blick wurde uns klar, daß die Absatzpolitik aufgrund der Fernsehwerbung hiermit vermutlich am leichtesten zu erreichen war.

Bewaffnet mit zwei Kartons voller Mainzelmännchenbilder ging ich in den Unterricht und erlebte einen unendlichen Ideenreichtum der Schüler.

Aus finanziellen Gründen ließ sich nicht alles realisieren, was sich die Schüler vorgestellt hatten. Das konnten einige Schüler direkt miterleben, die bei den Verhandlungen mit dem Verleger anwesend waren. Sie protokollierten die Gespräche, um ihren Mitschülern im Unterricht entsprechende Mitteilungen machen zu können. So entstand letztendlich das 3. Kapitel dieses Buches, das so konzipiert ist, daß es von verschiedensten Fachlehrern eingesetzt werden kann (z. B. auch in einer Projektwoche): Der Deutschlehrer kann Geschichten schreiben lassen, der Kunstlehrer Bilder malen lassen, der Mathematiklehrer Prozentrechnung üben, der Informatiklehrer eine Befragung durchführen lassen, und letztendlich stehen dem Biologie- und Hauswirtschaftslehrer eine Fülle von Möglichkeiten zur Verfügung. Bei der Auswahl der Themen spielt natürlich das Alter der Schüler eine entscheidende Rolle. Es kann mit Grundschülern ab der 3. Klasse mit den bildlichen Teilen des 3. Kapitels gearbeitet werden, so daß bereits in diesem Alter eine bewußtere Einstellung zum Essen erreicht werden kann. Durch die anschauliche Darstellung bekommen Begriffe wie „Grundnährstoffe", „Vitamine" und „Mineralstoffe" für die jungen Schüler bereits jetzt einen realen Bezug.

Es war leider nicht mehr möglich, einen Lehrerband zu diesem Buch zu erstellen. Deshalb muß sich der Lehrer aus der Fülle des angebotenen Materials das für seine Lerngruppe geeignete aussuchen. Gerne hätten wir gerade Grundschülern die Möglichkeit gegeben, anhand der Zählkästchen die Mengen der Grundnährstoffe selbst zu erarbeiten. Da dies jedoch für andere Benutzer des Buches zu mühselig gewesen wäre, haben wir diese Angaben bereits gemacht. Man könnte sie eventuell in Fotokopien herausnehmen und erarbeiten lassen.

Die Schüler hätten an dieser Stelle eine ausführlichere Beschreibung ihrer Arbeit – und somit des Gesamtprojektes – verdient. Da das aber den Rahmen eines Ernährungsratgebers sprengen würde, wird sich jeder Schüler einzeln am Ende des Buches zum Gesamtprojekt äußern.

Darüber hinaus haben die Erdkundeschüler der Oberstufe mit ihrem Referat über den „Hunger in der Welt" dazu beigetragen, die Ernährungsproblematik kritisch aus einem anderen Blickwinkel heraus zu beleuchten. Hierbei wurde von ihnen bewußt – sonst bei Oberstufenreferaten üblich – auf Fachausdrücke weitestgehend verzichtet, um die Verständlichkeit für Kinder zu gewährleisten. Auch vom Umfang her haben sie sich in diesem Falle auf das Wesentliche beschränkt.

Wir sind ein Team: Fast alle ziehen an einem Strang!
(Ein Beispiel für fächer- und jahrgangsübergreifenden Unterricht)

3. Gesunde Ernährung mit den Mainzelmännchen

„Hallo! Ich bin der schlaue Det. Kennst du mich aus dem Fernsehen? Ich weiß eine Menge über gesunde Ernährung, aber die anderen Mainzelmännchen kennen sich damit nicht so gut aus und leben sehr ungesund.
Wie sieht das bei dir aus? Was weißt du denn überhaupt über das Essen?
Ich kann dir mit dem Ernährungskreis zeigen, wie du dich gesund ernähren kannst."

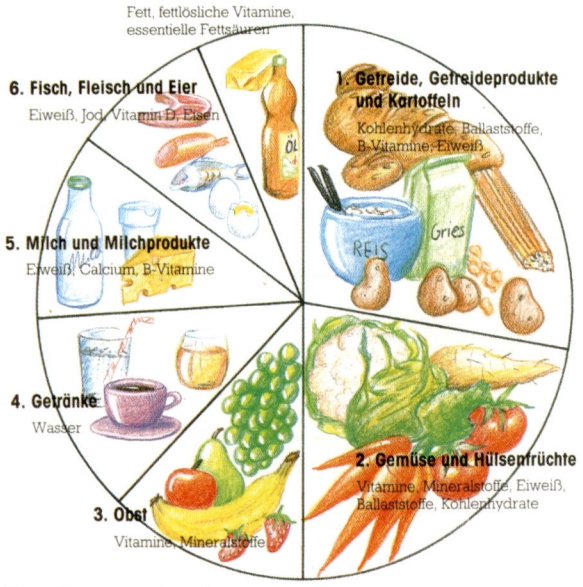

Abb. 1: Ernährungskreis
(Deutsche Gesellschaft für Ernährung)

„Du solltest von den Gruppen 1 – 5 täglich und reichlich, von den Gruppen 6 – 7 wenig und nicht jeden Tag essen."

Der arme schlaue Det! Er hat es wirklich nicht leicht. Er will sich gesund ernähren, damit er körperlich und geistig fit bleibt. Beim Sport will er nämlich Spaß haben, und in der Schule will er gut sein. Das ist er bisher auch, aber die anderen Mainzelmännchen kaufen immer mehr ungesunde Lebensmittel ein. Dazu gehört zum Beispiel die Schokolade. Sie besteht aus viel Zucker und Fett und kann dick machen, wenn man zuviel davon ißt. Aber warum ist das so?

Wir alle brauchen viel Kraft, viel Energie – zum Spielen, Lernen, Toben und so weiter. Dazu fällt dir bestimmt noch mehr ein. Diese Energie bezeichnet man als Leistungsumsatz. Aber auch nachts beim Schlafen braucht unser Körper Energie für die Atmung, für den Bluttransport, für die Erhaltung der Körpertemperatur und noch für viele andere Dinge, die in unserem Körper stattfinden. Diese Energie nennt man Grundumsatz.

Woher bekommen wir diese Energie?

Diese Energie liefert uns das Essen in Form von Fett und Kohlen-hydraten. Zu den Kohlenhydraten gehört auch der Zucker. Teilweise gewinnt der Körper die Energie auch noch aus dem Eiweiß. Es ist in Milch, also auch in der Vollmilchschokolade, in Fleisch, aber auch in pflanzlichen Lebensmitteln wie Getreide und Kartoffeln enthalten.

Im Körper werden Fett, Kohlenhydrate und Teile der Eiweißstoffe in Energie umgewandelt. Die Energie wird gemessen in Kalorien (kcal).

- 1 g Kohlenhydrate liefert etwa 4 kcal
- 1 g Eiweiß   liefert etwa 4 kcal
- 1 g Fett   liefert etwa 9 kcal

Abb. 2: Kaloriengehalt der Grundnährstoffe

Wieviele Kalorien ein Lebensmittel hat und wieviel Energie es uns liefert, hängt davon ab, wieviel Fett, Kohlenhydrate und Eiweiß es enthält. Deshalb werden diese drei Stoffe „Grundnährstoffe" genannt.

Die Schokolade hat sehr viele Kalorien. In ihr ist sehr viel Fett, und das liefert am meisten Kalorien.

Wieviele Kalorien du am Tag brauchst, zeigt dir der schlaue Det:

Kalorienbedarf pro Tag

Alter	Mädchen	Jungen
7 bis 9 Jahre	2.000 kcal	2.000 kcal
10 bis 12 Jahre	2.150 kcal	2.250 kcal
13 bis 14 Jahre	2.300 kcal	2.500 kcal
15 bis 18 Jahre	2.400 kcal	3.000 kcal

Quelle: „Empfehlungen für die Nährstoffzufuhr", DGE, 5. Aufl. 1991

Abb. 3: Kalorienbedarf von Kindern und
Jugendlichen

Erwachsene, so wie deine Eltern, müssen ihren Kalorienbedarf nach ihrem Körpergewicht berechnen. Da sie nicht mehr wachsen, kann es sogar sein, daß sie weniger essen dürfen als du. Wie du das berechnen kannst, zeigt dir wieder der schlaue Det.

Wir nehmen an, daß deine Mutter 60 kg wiegt:

Grundumsatz : 1kcal x 60 kg x 24 Std = 1440 kcal/Tag
    +
Leistungsumsatz   + 432 kcal /Tag
(= 30 % des Grundumsatzes)
= Kalorienbedarf   1872 kcal/Tag

Abb. 4: Kalorienbedarf von Erwachsenen

Deine Mutter darf also 1872 kcal pro Tag
essen.
Wenn deine Mutter oder dein Vater viel körperlich arbeiten, steigt ihr Leistungsumsatz, und sie dürfen mehr essen.

Wer fast jeden Tag mehr Kalorien ißt als er darf, nimmt langsam zu. Die überzähligen Kalorien werden im Körper als Fett gespeichert. Es entstehen „Fettpölsterchen."

Wenn man diese „Fettpölsterchen" nicht mehr haben will, muß man weniger Kalorien essen als man eigentlich darf.

Damit du weißt, ob du weniger essen mußt, zeigt dir der schlaue Det, wieviel du wiegen darfst.

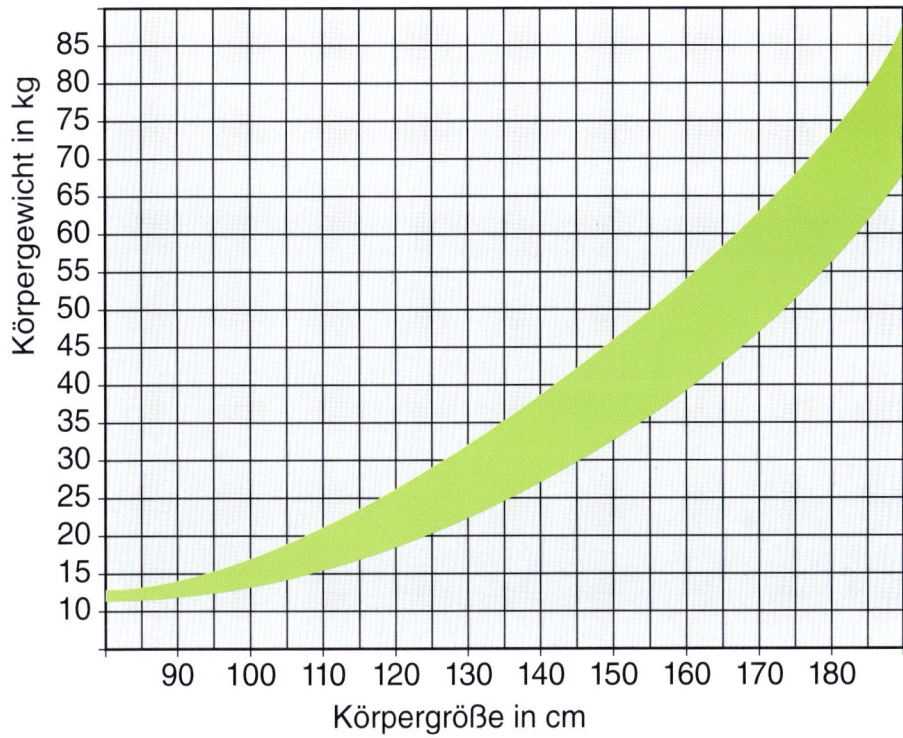

aus: Bärenstarke Kinderkost; Verbraucherzentrale, 3. Auflage 1995, Seite 16

Abb. 5: Gewichtskurve für Kinder und Jugendliche

Die „Fettpölsterchen" kannst du aber auch anders loswerden.
Wenn du durch mehr Bewegung, also durch viel Sport, mehr Kalorien verbrauchst als du ißt, verschwindet das Fett langsam aus deinem Körper, weil dein Leistungsumsatz gestiegen ist.

Wieviele Kalorien du bei den verschiedenen Sportarten verbrauchst, zeigt dir der schlaue Det.

Sportart	Zeit	kcal / min	kJ / min
Laufen:	9 km/h	10,0	41,9
(ebene Strecke, kurzer Lauf)	12 km/h	11,4	47,7
	15 km/h	13.1	54,8
Skilaufen:	4 km/h	8,3	34,8
	6 km/h	11,2	46,9
	8 km/h	13.3	55,7
	10 km/h	15,1	63,2
Gymnastik:		5,0	20,9
(Kräftigung großer Muskelgruppen)			
Tischtennis:		5,3	22,2
Schwimmen: Brust	20 m/min	4,5	18,8
	50 m/min	11,3	47,3
Rücken	23 m/min	5,0	20,9
	37 m/min	11,0	46,1
Paddeln:	73 m/min	2,3	9,6
	126 m/min	6,8	28,5
Tanzen:	Foxtrott	5,2	21,8
	Wiener Walzer	5,7	23,9
	Rumba	7,0	29,3
Radfahren:	10 km/h	2,8	11,7
(ebene Straße ohne Gegenwind)	20 km/h	7,8	32,7

aus: „Tafeln für den Kalorienumsatz bei körperlicher Arbeit"
    Spitzer-Hettinger, Sonderheft Refa-Nachrichten, Darmstadt 1969

Abb. 6: Kalorienverbrauch beim Sport

Deine Eltern müssen ihr Normalgewicht wieder berechnen. Der schlaue Det hat sich bei einem Herrn Broca erkundigt, wie man das macht. Jetzt kann er es dir zeigen.

Normalgewicht in kg = Körperlänge in cm minus 100

Deine Mutter ist zum Beispiel 160 cm groß:

$$160 \text{ cm}$$
$$- 100 \text{ cm}$$
$$= 60 \text{ kg}$$

Abb. 7: Normalgewicht nach Paul Broca

Deine Mutter darf also 60 kg wiegen, wenn sie 160 cm groß ist. Wenn sie 20% mehr wiegen würde, also 72 kg, hätte sie ziemlich viel Über-gewicht und müßte abnehmen.

Da dieser Broca-Index nur bei Personen mit einer durchschnittlichen Körpergröße verwendet werden kann, bestimmt man das Normal-gewicht auch nach dem Body-Mass-Index (BMI). Der schlaue Det erklärt dir, wie man ihn berechnet und welche Bedeutung er hat.

$$BMI = \frac{\text{Körpergewicht in kg}}{(\text{Körpergröße in m})^2} \qquad \text{Beispiel: } \frac{60 \text{ kg}}{(1,60 \text{ m})^2} = \frac{60 \text{ kg}}{2,56} = 23,4$$

Bedeutung des Index:

unter 18	= Untergewicht
18 bis unter 25	= Bereich Normalgewicht
25 bis unter 30	= Übergewicht Grad I Gewichtsabnahme erforderlich bei Vorliegen von Risiko-faktoren
über 30	= Übergewicht Grad II Gewichtsabnahme erforderlich Ziel: Grad I
über 40	= extreme Fettsucht Übergewicht Grad III

aus: Union Deutsche Lebensmittelwerke (Hrsg.): Nährwert-Broschüre, 22. aktualisierte Auflage, Hamburg 1995

Abb. 8: Normalgewicht nach dem Body-Mass-Index (BMI)

Sollten deine Eltern nach diesen Berechnungen Übergewicht haben, so müßten auch sie abnehmen; denn Übergewicht kann uns krank machen. Die Krankheiten, die so entstehen, nennt man Wohlstandskrankheiten, da sie in ärmeren Ländern, in denen die Menschen nicht soviel zu essen haben wie wir, nicht vorkommen. Wohlstandskrankheiten werden oft auch Zivilisationskrankheiten genannt: z. B. Diabetes mellitus Typ II (Zuckerkrankheit), Herz-Kreislauf-Erkrankungen und Gicht. Die Zuckerkrankheit vom Typ II bekommt man aus den genannten Gründen nur als Erwachsener. Vielleicht kennst du ja auch ein Kind, das zuckerkrank ist und sich mehrmals am Tag ein Medikament (Insulin) spritzen muß. Wenn solche Kinder zuckerkrank sind, hat das allerdings andere Ursachen, die dazu führen. Es liegt auf jeden Fall nicht daran, daß sie zuviel essen.

Um abnehmen zu können, müßten deine Eltern zum einen weniger essen, aber gleichzeitig müßten sie ihre sportlichen Aktivitäten verstärken. Wie hoch dabei der Kalorienverbrauch ist, konntest du ja schon in Abb. 6 erkennen. Wofür der Sport ansonsten noch wichtig ist und was beim Sporttreiben berücksichtigt werden muß, könnt ihr gemeinsam in Kapitel 6 nachlesen.

Wenn Kinder Übergewicht haben, sollten sie auf jeden Fall in erster Linie durch mehr Bewegung, z. B. mehr Sport, abnehmen. Sie dürfen nämlich nicht so stark „hungern" wie Erwachsene, da sie viele Nährstoffe zum Wachsen brauchen.

Grundnährstoffe (Fett, Eiweiß, Kohlenhydrate)

Da sind zunächst die drei Grundnährstoffe Kohlenhydrate, Fett und Eiweiß, die dir Energie und Grundbausteine für den Aufbau deines Körpers liefern. Die kennst du ja schon. Wieviel Gramm von den einzelnen Stoffen du am Tag brauchst, zeigt dir der schlaue Det.

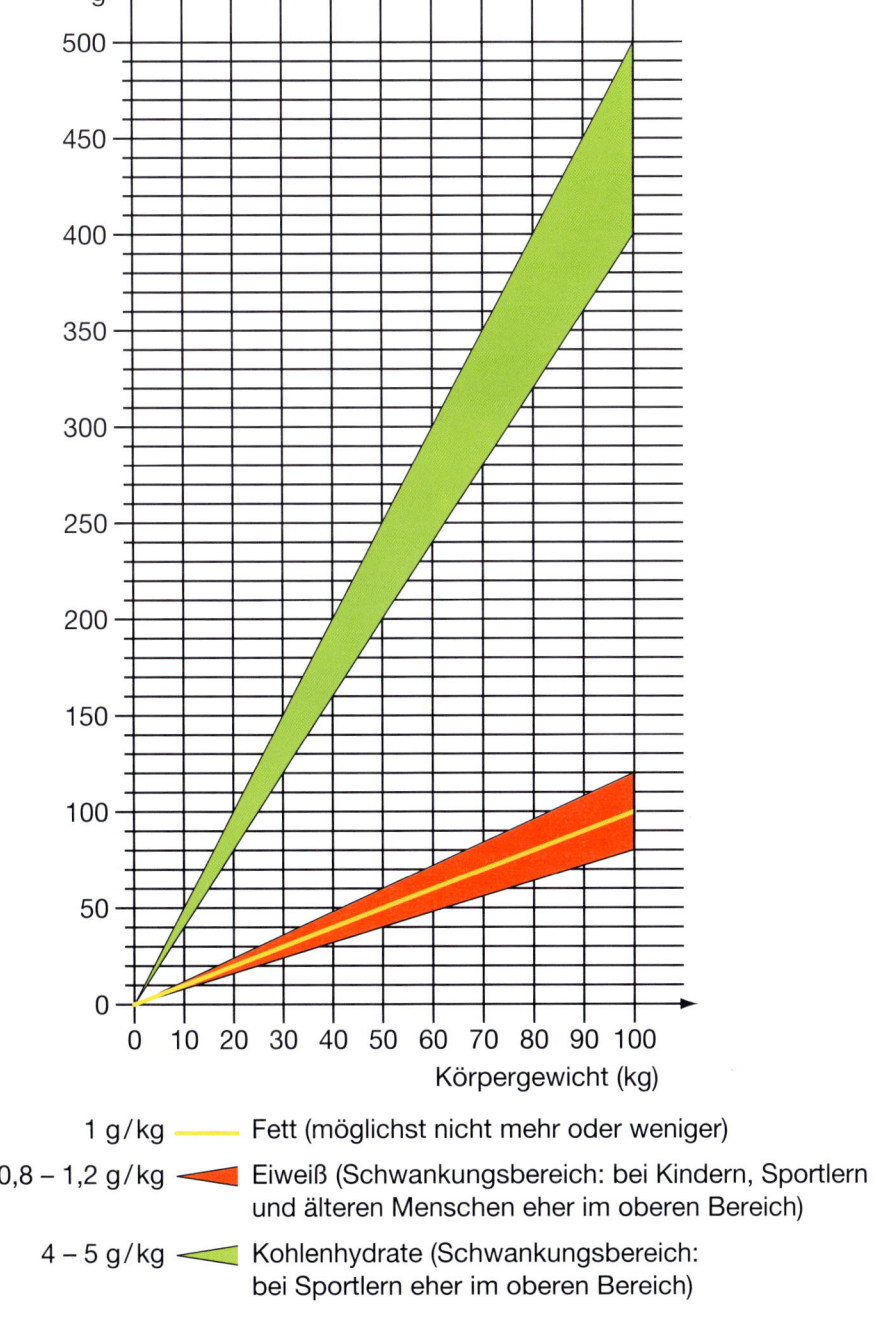

Abb. 9: Grundnährstoffbedarf pro Tag

In dem Bilderteil, der dir viele Lebensmittel in Portionsgröße mit Gramm- und Kalorienangabe zeigt, wird die Menge dieser Stoffe mit Hilfe von Zählkästchen angegeben. Det weiß, was sie bedeuten.

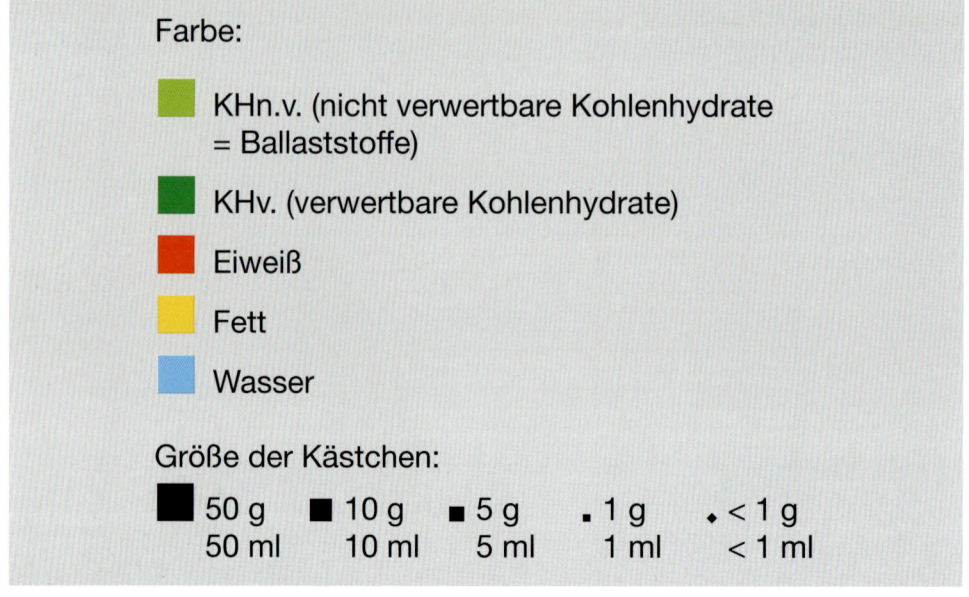

Abb. 10: Zeichenerklärung: Grundnährstoffe

Manche Lebensmittel haben nicht nur Kohlenhydrate, die Energie liefern (verwertbare Kohlenhydrate, KHv.), sondern auch Kohlenhydrate, die keine Energie liefern (nicht verwertbare Kohlenhydrate, KHn.v.). Diese sind für deine Verdauung sehr wichtig. Du solltest pro Tag mindestens 30g davon essen.

Vitamine

Außer diesen energieliefernden und grundbausteinliefernden Nährstoffen gibt es noch Stoffe, die andere Aufgaben in unserem Körper haben. Dazu gehören Vitamine. Sie regeln und steuern viele Vorgänge in unserem Körper. Det weiß genau, wofür sie verantwortlich sind, wieviele du davon pro Tag brauchst und was passiert, wenn du zuviel oder zuwenig davon zu dir nimmst. In dem Bilderteil zeigt dir die Anzahl der bildlichen Symbole (Piktogramme), wieviel von dem jeweiligen Vitamin in dem abgebildeten Lebensmittel ist.

„Schaue dir die nächsten Seiten gut an! Sie helfen dir, den folgenden Bilderteil zu verstehen."

Abb. 11a: Vitamin A (fettlöslich) 👁 Auge

Tagesbedarf Alter (Jahre);	Menge	Wirkungsweise	Mangelversorgung	Überversorgung
7 – 9 :	0,8 mg	wichtig für:	Nachtblindheit,	Erbrechen, Durchfall,
10 – 12 :	0,9 mg	den Sehvorgang,	Erblindung	Schleimhautblutun-
13 – 14 :	1,1 mg	die Haut, die Schleim-		gen,
15 – 18 :	1,0 mg	häute, das Wachstum		Knochenbrüchigkeit
ab 19 :	0,9 mg	und die Fortpflanzung		

Ab 13 Jahren brauchen Jungen eher etwas mehr, Mädchen etwas weniger!

✶	> 0	– 0,018 mg
👁	> 0,018	– 0,5 mg
👁	> 0,5	– 1,0 mg
👁 👁	> 1,0	– 1,5 mg
👁 👁	> 1,5	– 2,0 mg
👁 👁 👁	> 2,0	– 2,5 mg
👁 👁 👁	> 2,5	– 3,0 mg
👁 👁 👁 👁	> 3,0	– 3,5 mg
👁 👁 👁 👁	> 3,5 mg	

Dein Körper benötigt pro Tag ca. 1 – 1,5 Augen.

(Wegen des großen Schwankungsbereiches der einzelnen Klassen-
größen sind die Angaben zu der Anzahl der Augen nur Orientie-
rungswerte. Da man in Deutschland den Mindestbedarf mit einem
hohen Sicherheitszuschlag bestimmt hat, kann man jedoch beruhigt
mit diesen und den folgenden Angaben arbeiten.)

Abb. 11b: Vitamin E (fettlöslich) Körperzelle

Tagesbedarf Alter (Jahre);	Menge	Wirkungsweise	Mangelversorgung	Überversorgung
7 – 9 :	8 mg	wichtig für:	allgemeine Unlust,	unbekannt
10 – 12 :	10 mg	den Fettstoffwechsel	Erschöpfung, Durch-	
13 – 14 :	12 mg	und den Aufbau von	blutungs-, Wachs-	
15 – 18 :	12 mg	Zellwänden	tums- und Entwick-	
ab 19 :	12 mg		lungsstörungen,	
			eventuell Muskel-	
			schwund	
Je mehr ungesättigte Fettsäuren aufgenommen werden, um so höher muß die Zufuhr von Vitamin E sein.				

*   > 0   – 0,18 mg

    > 0,18   – 1,00 mg

    > 1,00   – 2,00 mg

    > 2,00   – 3,00 mg

    > 3,00   – 4,00 mg

    > 4,00   – 5,00 mg

    > 5,00   – 6,00 mg

    > 6,00   – 7,00 mg

    > 7,00   – 8,00 mg

Dein Körper benötigt pro Tag ca. 6 – 7 Körperzellen.

(s. Anmerkung Abb. 11a)

Abb. 11c: Vitamin B ✳ Nervenzelle
(B-Komplex von B1, B2, B6; wasserlöslich)

Tagesbedarf		Wirkungsweise	Mangelversorgung
Alter (Jahre);	Menge		
7 – 9 :	3,7 mg	vielfältige Aufgaben	insbesondere Störun-
10 – 12 :	4,1 mg	bezüglich des Stoff-	gen des Nervensy-
13 – 14 :	4,7 mg	wechsels;	stems.
15 – 18 :	5,2 mg	werden in jeder Zelle	B2 und B6: Schädi-
ab 19 :	4,6 mg	benötigt, ins-	gung von Haut und
		besondere in den	Schleimhäuten
		Nervenzellen.	
Eine Überversorgung gibt es nicht, da sie wasserlöslich sind und mit dem Harn ausgeschieden werden.			

✳	> 0	– 0,25 mg
	> 0,25	– 0,50 mg
	> 0,50	– 0,75 mg
	> 0,75	– 1,00 mg
	> 1,00	– 1,25 mg
	> 1,25	– 1,50 mg
	> 1,50	– 1,75 mg
	> 1,75	– 2,00 mg
	> 2,00 mg	

Dein Körper benötigt pro Tag ca. 9 – 10 Nervenzellen.

(s. Anmerkung Abb. 11a)

Abb. 11d: Vitamin C (wasserlöslich) 🌶 **Grippe-Virus**

Tagesbedarf Alter (Jahre); Menge	Wirkungsweise	Mangelversorgung

7 – 9 : 65 mg
10 – 12 : 70 mg
13 – 14 : 75 mg
15 – 18 : 75 mg
ab 19 : 75 mg
	– dient der Abwehr
	  von Infektionkrank-
	  heiten
	– fördert die Eisenver-
	  wertung
		– verminderte Wider-
		  standsfähigkeit ge-
		  genüber Infektionen
		– Skorbut = Erkran-
		  kung des Binde-
		  gewebes mit
		  Blutungen des
		  Zahnfleisches und
		  der Haut
		– Knochen- und Zahn-
		  veränderungen
		– geistige und körper-
		  liche Leistungs-
		  minderung

Eine Überversorgung gibt es nicht, da es wasserlöslich ist und mit dem Harn ausgeschieden wird.		

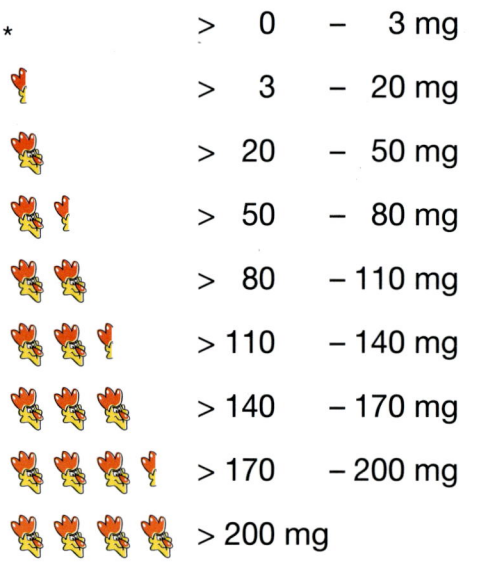

*   >   0   –   3 mg

       >   3   –   20 mg

       >   20   –   50 mg

       >   50   –   80 mg

       >   80   – 110 mg

       > 110   – 140 mg

       > 140   – 170 mg

       > 170   – 200 mg

       > 200 mg

Dein Körper benötigt pro Tag ca. 1,5 – 2 Grippe-Viren.

(s. Anmerkung Abb. 11a)

Mineralstoffe

Nicht nur Vitamine steuern die Vorgänge in deinem Körper, sondern auch Mineralstoffe. Sie haben aber noch eine weitere Aufgabe. Sie bauen die Körperzellen immer wieder neu auf. Die wichtigsten dieser Stoffe siehst du in den folgenden Abbildungen. Det weiß genau, wofür sie verantwortlich sind, wieviele du davon pro Tag brauchst und was passiert, wenn du zuwenig davon zu dir nimmst.
In dem Bilderteil zeigt dir die Anzahl der bildlichen Symbole (Piktogramme), wieviele von den jeweiligen Mineralstoffen in dem abgebildeten Lebensmittel sind.

„Schaue dir die nächsten Seiten gut an!
Sie helfen dir, den folgenden Bilderteil
zu verstehen."

Abb. 12a: Kalium (K) ♥ Herz

Tagesbedarf Alter (Jahre); Menge	Wirkungsweise	Mangelversorgung

7 – 9 :   1.600 mg
10 – 12 :   2.000 mg
13 – 14 :   2.000 mg
15 – 18 :   2.000 mg
ab 19 :   2.000 mg
	– wichtig für die nor-
	  male Funktion des
	  Herzmuskels
	– wirkt entwässernd
	– (Natrium – Kalium –
	  Pumpe)
		– Funktionsstörungen
		  des Herzens
		– Absinken des Blut-
		  drucks
		– Übelkeit
		– Appetitlosigkeit
		– Muskelschwäche

Bei Abführmittelmißbrauch kommt es zu Kaliummangel durch einen erhöhten Wasserverlust über den Darm.		

*   >   0   – 10 mg

♥   > 10   – 50 mg

♥   > 50   – 200 mg

♥♥   > 200   – 350 mg

♥♥   > 350   – 500 mg

♥♥♥   > 500   – 650 mg

♥♥♥   > 650   – 800 mg

♥♥♥♥   > 800   – 950 mg

♥♥♥♥   > 950 mg

Dein Körper benötigt pro Tag ca. 10 Herzen.

(s. Anmerkung Abb. 11a)

Abb. 12b: Calcium (Ca) �_ Knochen

Tagesbedarf Alter (Jahre); Menge	Wirkungsweise	Mangelversorgung

7 – 9 :   800 mg
10 – 12 :   900 mg
13 – 14 :   1.000 mg
15 – 18 :   1.200 mg
ab 19 :   1.000 mg
	– Aufbau von Knochen
	  und Zähnen
	– normale Erregbarkeit
	  von Muskeln und
	  Nerven
	– Herztätigkeit
	– Blutgerinnung
		– ungenügende
		  Verknöcherung des
		  Skeletts
		– anfallartig auf-
		  tretende Verkramp-
		  fungen (Tetanie)
		– Störungen bei der
		  Blutgerinnung

Das Calcium der Milch wird besonders gut verwertet.		

*	>	0	– 1 mg
⌐	>	1	– 10 mg
⎰	>	10	– 50 mg
⎰ ⌐	>	50	– 100 mg
⎰ ⎰	> 100		– 150 mg
⎰ ⎰ ⌐	> 150		– 200 mg
⎰ ⎰ ⎰	> 200		– 250 mg
⎰ ⎰ ⎰ ⌐	> 250		– 300 mg
⎰ ⎰ ⎰ ⎰	> 300 mg		

Dein Körper benötigt pro Tag ca. 8 – 15 Knochen.

(s. Anmerkung Abb. 11a)

Abb. 12c: Eisen (Fe)  rotes Blutkörperchen

Tagesbedarf Alter (Jahre); Menge m. w.	Wirkungsweise	Mangelversorgung

7 – 9 :   10 mg 10 mg
10 – 12 :   12 mg 15 mg
13 – 14 :   12 mg 15 mg
15 – 18 :   12 mg 15 mg
  ab 19 :   10 mg 15 mg
	Bestandteil des roten
	Blutfarbstoffes
		– Eisenmangelanämie
		  (="Blutarmut", zu
		  wenig rote Blutkör-
		  perchen im Blut)
		  daraus folgt u. a.:
		  Schwindel,
		  Schwäche, Müdigkeit,
		  Kopfschmerzen,
		  Schlafstörungen

Frauen verlieren durch die monatliche Regelblutung Eisen. Bei den meisten Frauen besteht daher eine Eisenunterversorgung, die den höheren Tagesbedarf bedingt.		

*   > 0   – 0,3 mg

                > 0,3   – 1,0 mg

                > 1,0   – 2,0 mg

                > 2,0   – 3,0 mg

                > 3,0   – 4,0 mg

                > 4,0   – 5,0 mg

                > 5,0   – 6,0 mg

                > 6,0   – 7,0 mg

                > 7,0 mg

Dein Körper benötigt pro Tag ca. 7 – 9 Blutkörperchen.

(s. Anmerkung Abb. 11a)

Abb. 12d: Magnesium (Mg) 💪 Bizeps

Tagesbedarf Alter (Jahre); m.	Menge w.	Wirkungsweise	Mangelversorgung
7 – 9 : 170 mg	170 mg	Schutzfaktor bei der	– Krämpfe
10 – 12 : 230 mg	250 mg	Muskelkontraktion	– anfallsweises Herz-
13 – 14 : 310 mg	310 mg	(= Zusammenziehung	jagen
15 – 18 : 400 mg	350 mg	des Muskels,	– Herzrhythmus-
ab 19 : 350 mg	300 mg	Muskelaktivierung)	störungen

* > 0 – 4 mg

💪 > 4 – 20 mg

💪 > 20 – 40 mg

💪💪 > 40 – 60 mg

💪💪 > 60 – 80 mg

💪💪💪 > 80 – 100 mg

💪💪💪 > 100 – 120 mg

💪💪💪💪 > 120 – 140 mg

💪💪💪💪 > 140 mg

Dein Körper benötigt pro Tag ca. 10 Bizepse.

(s. Anmerkung Abb. 11a)

Abb. 12e: Fluor (F)  Zahn

Tagesbedarf Alter (Jahre); Menge	Wirkungsweise	Mangelversorgung
für alle Altersstufen gilt im Durchschnitt 1 mg je nach Fluorgehalt des Trinkwassers	– Härtung des Zahnschmelzes – Hemmung von Enzymen der Mandelbakterien	– Zahnkaries

*   > 0   – 0,01 mg

          > 0,01   – 0,05 mg

          > 0,05   – 0,10 mg

          > 0,10   – 0,15 mg

          > 0,15   – 0,20 mg

          > 0,20   – 0,25 mg

          > 0,25   – 0,30 mg

          > 0,30   – 0,35 mg

          > 0,35 mg

Dein Körper benötigt pro Tag ca. 12 Zähne.

(s. Anmerkung Abb. 9a)

Nun hast du eine Menge über Kalorien und Grundnährstoffe, Vitamine und Mineralstoffe gelernt. Weißt du noch warum? Es ging um
Schokolade. Suche sie doch nun einmal im Bilderteil. Die Liste der
Lebensmittel hinten im Buch hilft dir dabei. Sie ist nach dem Alpha-
bet geordnet und zeigt dir, auf welcher Seite die Schokolade zu finden ist.

Hast du sie entdeckt? Fast alles in dem Bilderteil ist dir bekannt. Da
ist aber noch ein Verkehrsschild. Du wirst dich fragen: „Was hat das
zu bedeuten?" Das ist einfach. Es gibt sehr wertvolle Lebensmittel
und weniger wertvolle Lebensmittel. Die wertvollen enthalten im Verhältnis zu ihren Kalorien sehr viele Vitamine und Mineralstoffe, die
weniger wertvollen jedoch nur sehr wenig davon. Man nennt das
Nährstoffdichte. Wenn du also die wenig wertvolle Schokolade ißt,
mußt du am selben Tag andere sehr wertvolle Nahrungsmittel essen.
Nur so erhält dein Körper die Vitamin- und Mineralstoffmenge, die er
benötigt, ohne daß du zu viele Kalorien aufnimmst. Die Verkehrsschilder haben folgende Bedeutung:

STOP!
Du solltest rechtzeitig aufhören zu essen.
Also nicht zuviel davon essen und nicht zu oft.
(niedrige Nährstoffdichte)

VORSICHT!
Auch hierbei solltest du vorsichtig sein, denn
es gibt „bessere" Lebensmittel.
(mittlere Nährstoffdichte)

VORFAHRT!
Diese Nahrungsmittel haben Vorfahrt vor
vielen anderen. Sie geben dir viele Vitamine
und Mineralstoffe. (hohe Nährstoffdichte)

ERLAUBT!
Unbegrenzt erlaubt sind diese Lebensmittel.
Sie haben in der Regel wenig Kalorien und
sehr viele Vitamine und Mineralstoffe.
Wer abnehmen will und Kalorien sparen muß,
sollte sehr viele von diesen Lebensmitteln essen. (sehr hohe Nährstoffdichte)

Abb. 13: Nährstoffdichte

Zur Beurteilung von Lebensmitteln reicht die Nährstoffdichte allein jedoch nicht aus. Sie ist besonders dann sehr wichtig, wenn man insgesamt wenig ißt um abzunehmen. Ansonsten erkennst du an dem Ernährungsdreieck (ähnlich wie an dem Ernährungskreis auf S. 40) sehr gut, daß du deinen Energiebedarf hauptsächlich mit den Lebensmitteln ganz unten im Dreieck decken sollst, da sie wichtige Kohlenhydrate liefern. Die Kartoffel ist dazu besonders geeignet, denn sie besitzt gleichzeitig eine hohe Nährstoffdichte.

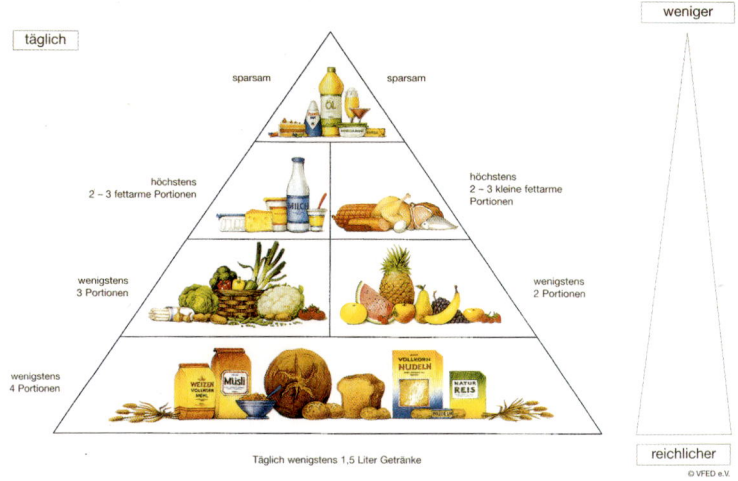

Abb. 14: Ernährungsdreieck des VFED e. V.

Obwohl die Nährstoffdichte von Brot, Nudeln und Reis nicht so hoch ist wie die von Obst und Gemüse, kannst du auf diese Lebensmittel nicht verzichten. Du solltest dabei aber immer darauf achten, daß du möglichst naturbelassene Produkte auswählst, nämlich: Vollkornbrot, Vollkornnudeln und Naturreis. Ihre Nährstoffdichte ist immerhin höher als die der verarbeiteten Produkte wie z. B. Weißbrot, weißer Reis und „normale" Nudeln. Außerdem enthalten sie wesentlich mehr Ballaststoffe, die ja für deine Verdauung sehr wichtig sind. Damit du diese Lebensmittel schnell von den anderen unterscheiden kannst, erhalten sie in der Spalte „Beurteilung" einen lachenden ☺ .

Andere Lebensmittel erhalten dagegen einen weinenden ☹ , weil es z. B. Genußmittel sind, die schädliche Stoffe enthalten und deshalb nicht zu oft „genossen" werden sollten, oder weil sie so verpackt sind, daß sich daraus Umweltprobleme entwickeln. Deshalb sollte man z. B. eher auf Lebensmittel in Dosen verzichten und entsprechende Tiefkühlprodukte (Tiefkühlgemüse und Tiefkühlobst) bevorzugen, da diese zusätzlich auch dem Vitamin- und Mineralstoffgehalt der „frischen" Ware sehr nahe kommt.

Du hast sicherlich gemerkt, daß rechts und links neben dem Schild manchmal Gläser stehen. Sie geben an, ob in einem Lebensmittel Natrium (Na) – ein Mineralstoff im Salz – und Cholesterin (Cho) enthalten ist. Diese beiden Nahrungsbestandteile können in zu großer Menge schlecht für dich sein. Das erfährst du gleich in den Mainzelmännchengeschichten noch genauer. Je voller ein Glas ist, desto nachteiliger wäre das dann für dich.

Der schlaue Det weiß genau wieviel Natrium und Cholesterin in einem vollen Glas sind.

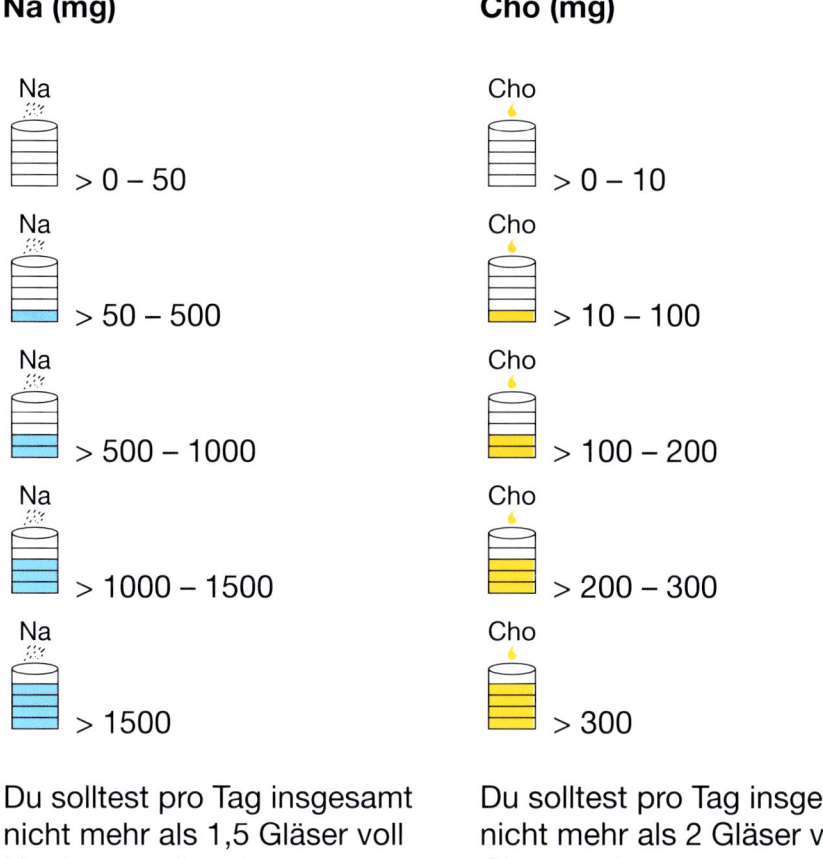

Na (mg)

Na
> 0 – 50

Na
> 50 – 500

Na
> 500 – 1000

Na
> 1000 – 1500

Na
> 1500

Cho (mg)

Cho
> 0 – 10

Cho
> 10 – 100

Cho
> 100 – 200

Cho
> 200 – 300

Cho
> 300

Du solltest pro Tag insgesamt nicht mehr als 1,5 Gläser voll Natrium zu dir nehmen (= 6 Teilstriche).

Du solltest pro Tag insgesamt nicht mehr als 2 Gläser voll Cholesterin zu dir nehmen (= 8 Teilstriche).
Weniger ist auf jeden Fall besser.

Abb. 15: Die in größeren Mengen schädlichen Lebensmittelbestandteile Natrium und Cholesterin

„Hallo! Hier bin ich wieder. Ich war in der Zwischenzeit auch fleißig und habe alle meine Schuhe sorgfältig geputzt. Hast du auch sorgfältig gelesen? Ich glaube schon. Wenn du trotzdem nicht alles verstanden hast, frage doch deine Eltern oder Lehrer. Sie können dir bestimmt helfen.

In den folgenden Geschichten zu den einzelnen Mahlzeiten und den angeschlossenen Bildteilen werden meine fünf Freunde und ich dir zeigen, wie spannend und lustig die „Sache" mit dem Essen sein kann.

der schlaue	der Küchenchef	der kleine	das sportliche	der lustige	der faule
DET	EDI	CONNI	FRITZCHEN	BERTI	ANTON

Tschüs! Bis gleich!"

Frühstück

Es ist ein wunderschöner Morgen. Die Sonne scheint, und die Vögel zwitschern. Die Mainzelmännchen sind schon sehr früh aufgestanden, obwohl der Unterricht heute erst zur 4. Stunde beginnt, denn sie wollen noch vor der Schule gemütlich auf der Terrasse frühstücken. Sie freuen sich schon alle auf die Spiegeleier, die bereits in der Bratpfanne brutzeln. Der lustige Berti hat sie fröhlich in die Pfanne geschlagen und treibt nun seine Späßchen mit den anderen Mainzelmännchen, die draußen den Tisch decken. Er trägt die Pfanne auf die Terrasse, und während er noch lacht und albern ist, stolpert er über einen Stein, und die Spiegeleier fliegen im hohen Bogen in Nachbars Garten. „Mensch, Berti! Das waren doch unsere letzten Eier," rufen die anderen Mainzelmännchen. „Eßt doch lieber etwas anderes," sagt der schlaue Det. „Müsli und Milch sind zum Frühstück besser, denn sie enthalten Kohlenhydrate, die euch POWER für den Vormittag geben. Eier könnt ihr zum Beispiel mit Bratkartoffeln mittags oder abends essen."
Doch die anderen lassen sich nicht belehren, und alle fahren mit dem Fahrrad in die Stadt, um Eier zu kaufen. Aber es gibt überall keine Eier mehr. Die Mainzelmännchen wundern sich sehr darüber und fragen einen freundlichen Verkäufer: „Können Sie uns vielleicht sagen, warum keine Eier mehr da sind?" - „Viele ältere Leute essen wegen des Cholesterins nicht mehr so viele Eier. Viele Kinder wollen wegen der Tierquälerei keine Eier mehr aus Legebatterien essen, und die Eier aus der Freilandhaltung sind schon ausverkauft, weil es davon nicht so viele gibt."
Da hat der kleine Conni eine ganz tolle Idee: „Laßt uns doch zu Bauer Ewald fahren. Da gibt's bestimmt noch Eier." Der faule Anton mault: „Warum sind wir denn nicht gleich zum Bauernhof gefahren, ich bin total geschafft von der langen Fahrt!" Das sportliche Fritzchen erwidert: „Du lahmer Kerl! Etwas mehr Bewegung kann dir bestimmt nicht schaden." Anton hingegen schwärmt: „Ich hätte jetzt Lust auf ein Brötchen mit Nuß-Nougat-Creme." Der schlaue Det ra-

stet aus: „Keine Bewegung, aber viel Zucker! Das sieht dir ähnlich. So siehst du auch aus! Mit etwas weniger Speck könntest du dich bestimmt besser bewegen und wärst nicht immer so müde. Besser wäre ein Vollkornbrötchen mit Käse für dich, zusammen mit einem Glas Orangensaft." Det fährt für alle verständlich fort: „Das Vitamin C in dem Orangensaft ermöglicht die Eisenaufnahme aus den Körnern im Vollkornbrötchen. Der Käse auf dem Brötchen versorgt dich mit tierischem Eiweiß. In Verbindung mit dem pflanzlichen Eiweiß in dem Mehl der Brötchen ist es besonders wertvoll. Wenn du darauf keinen Bock hast, kann es auch ein fruchtiges Müsli mit Milch sein; dazu ein Glas Orangen- oder Grapefruitsaft. Oder wie wär's mit einem Vollkornbrot mit Wurst? Vorweg könntest du eine Grapefruit essen und dazu ein Glas Milch trinken. Es gibt nämlich viele Möglichkeiten, pflanzliches und tierisches Eiweiß vornehmlich aus Milch und Milchprodukten und Vitamin C-haltige Lebensmittel miteinander zu kombinieren."

Die Mainzelmännchen steigen auf ihre Räder und strampeln trotz des immer noch nörgelnden Antons zum Bauernhof. Dort treffen sie einen aufgeregten Bauern an. Als er morgens die Eier aus dem Hühnerstall holen wollte, waren alle Hühner verschwunden. Nur klebrige Eierreste waren noch zu sehen. „Meine Hühner sind weg! Helft mir suchen!", ruft er mit zitternder Stimme. Die Mainzelmännchen laufen in alle Richtungen, um die Hühner zu suchen. Plötzlich hört der kleine Conny den Hahn krähen. Dort müssen auch die Hühner sein, denkt er. Schnell rennt er in die Richtung, und was sehen seine Augen? Hahn und Hühner haben sich hinter dem Misthaufen verschanzt. Der Fuchs hatte sie nachts aufgescheucht.

Der Bauer und die Bäuerin sind überglücklich über die wiedergefundenen Hühner und laden die Mainzelmännchen zum Frühstück ein. Im Haus duftet es nach frisch gebackenem Brot. Die Bäuerin stellt das noch warme Vollkornbrot auf den Tisch. Dazu serviert sie Butter, Käse, Schinken und frisch gemolkene Milch. Die von der langen

Fahrt hungrigen Mainzelmännchen hauen richtig rein. Sogar Anton schmeckt dieses gesunde Frühstück. Aber etwas fehlt doch dabei! Weißt du es? Richtig! Vitamin C! Auch jetzt hilft der schlaue Det. Schnell holt er aus seiner Fahrradtasche eine Flasche Orangensaft. Bevor sich die Mainzelmännchen auf den langen Rückweg machen, trinkt jeder ein erfrischendes Glas davon. Die Bäuerin hatte sie zwar zum Mittagessen eingeladen, aber sie müssen nun zur Schule eilen. Eigentlich sollte es Spiegeleier mit Bratkartoffeln geben: Eine sehr gute Kombination von tierischem und pflanzlichem Eiweiß. Wegen der fehlenden Eier gibt es nun Linsensuppe und Bananen-Quarkspeise zum Nachtisch. So lassen sich auch tierisches und pflanzliches Eiweiß kombinieren. Bei dem Gedanken daran läuft den Mainzelmännchen zwar das Wasser im Munde zusammen, aber die Pflicht ruft.
Sie freuen sich auf den nächsten Eierkauf bei Bauer Ewald, denn sie werden nur noch Eier von glücklichen Hühnern essen, die zwar manchmal den Fuchs fürchten müssen, denen dafür jedoch das grausame Schicksal der Hühner in den Legebatterien erspart bleibt.

Nach einer Idee von: Marcel Raschke
Andreas Riedmayer
André Theissen

Male ein lustiges Bild zu dieser
Geschichte.

Schaue nach, wie man den Fettbegleitstoff nennt, der in dem Glas
unter dem Verkehrsschild dargestellt
wird. Trage das Wort in die Kästchen
ein. In Eiern ist sehr viel davon
vorhanden. Er kann vor allen Dingen
bei älteren Menschen zu einer
Verengung von Blutgefäßen führen.

Spiegelei, 1 Tl. Öl 62 g	Kalorien	Grundnährstoffe
		KHn.v.
		KHv.
		Eiweiß
		Fett
	120 kcal	Wasser

Rührei, 1 Ei, 1 El Milch, 1 Tl Öl 72 g	Kalorien	Grundnährstoffe
		KHn.v.
		KHv.
		Eiweiß
		Fett
	126 kcal	Wasser

Hühnerei 58 g	Kalorien	Grundnährstoffe
		KHn.v.
		KHv.
		Eiweiß
		Fett
	84 kcal	Wasser

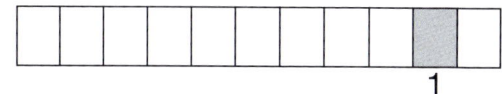

1

(g)	%	Vitamine	Mineralstoffe	Beurteilung
0 g	——	A	K ♥	STOP
0,3 g	——	B	Ca	
6,7 g	——		Fe	Na Cho
10,2 g	——	C	Mg	
38,2 g	——	E	F	

(g)	%	Vitamine	Mineralstoffe	Beurteilung
0 g	——	A	K ♥	STOP
0,8 g	——	B	Ca	
7,0 g	——		Fe	Na Cho
10,6 g	——	C	Mg	
47,0 g	——	E	F	

(g)	%	Vitamine	Mineralstoffe	Beurteilung
0 g	——	A	K ♥	⚠
0,3 g	——	B	Ca	
6,7 g	——		Fe	Na Cho
6,2 g	——	C	Mg	
38,2 g	——	E	F	

Die Mehrkornbrötchen haben auf dieser Seite die meisten nicht verwertbaren Kohlenhydrate. Diese Kohlenhydrate haben auch noch einen anderen Namen. Du findest ihn in der Abbildung 10 auf S. 48. Trage ihn ein.

Weizenbrötchen 45 g	Kalorien	Grundnährstoffe
	116 kcal	KHn.v. KHv. Eiweiß Fett Wasser

Mehrkornbrötchen 65 g	Kalorien	Grundnährstoffe
	138 kcal	KHn.v. KHv. Eiweiß Fett Wasser

Croissant 40 g	Kalorien	Grundnährstoffe
	164 kcal	KHn.v. KHv. Eiweiß Fett Wasser

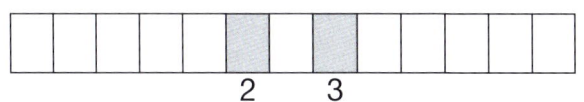

					2	3					

(g)	%	Vitamine	Mineralstoffe	Beurteilung
1,4 g ___		A	K ♥	
23,9 g ___		B ★	Ca	**STOP**
3,6 g ___			Fe	
0,7 g ___		C	Mg	Na
15,3 g ___		E	F	

(g)	%	Vitamine	Mineralstoffe	Beurteilung
5,0 g ___		A ★	K ♥	
32,8 g ___		B	Ca	⚠
4,7 g ___			Fe ●	
1,2 g ___		C	Mg	Na
22,6 g ___		E	F	☺ ballaststoffreich[1]

(g)	%	Vitamine	Mineralstoffe	Beurteilung
0,7 g ___		A 👁	K ♥	
13,8 g ___		B ★	Ca	**STOP**
2,3 g ___			Fe ★	
10,3 g ___		C ★	Mg	Na Cho
12,8 g ___		E	F	

[1] Diese Angabe wird nur dann gemacht, wenn die vergleichbaren
Lebensmittel wesentlich weniger Ballaststoffe enthalten.

69

Nenne das Lebensmittel mit den meisten „Ballaststoffen."

Weizentoastbrot 25 g	Kalorien	Grundnährstoffe
	66 kcal	KHn.v. ◆ KHv. ■: Eiweiß ■◆ Fett ■◆ Wasser ■::

Roggenbrot 50 g	Kalorien	Grundnährstoffe
	111 kcal	KHn.v. :◆ KHv. ■ ■:◆ Eiweiß ■:◆ Fett ◆ Wasser ■

Vollkornbrot 65 g	Kalorien	Grundnährstoffe
	134 kcal	KHn.v. ■ KHv. ■ ■:◆ Eiweiß ::◆ Fett ◆ Wasser ■ ■::

Weitere Brotsorten siehe Abendessen!

☐☐☐☐☐☐☐☐☐☐☐☐

4

(g)	%	Vitamine	Mineralstoffe	Beurteilung
0,9 g	—	A	K ❤	
12,0 g	—	B ★	Ca	**STOP**
1,1 g	—		Fe	
1,1 g	—	C	Mg	Na
9,0 g	—	E	F	

(g)	%	Vitamine	Mineralstoffe	Beurteilung
2,7 g	—	A	K ❤	
23,8 g	—	B ★	Ca	**STOP**
3,8 g	—		Fe	
0,7 g	—	C	Mg	Na
20,0 g	—	E	F ★	

(g)	%	Vitamine	Mineralstoffe	Beurteilung
5,0 g	—	A	K ❤	
26,7 g	—	B	Ca	⚠
4,9 g	—		Fe	
1,0 g	—	C	Mg	Na
28,0 g	—	E	F	☺ ballaststoffreich

71

Nenne das Produkt mit den wenigsten Vitaminen und Mineralstoffen.

Knäckebrot 10 g	Kalorien	Grundnährstoffe
		KHn.v. ▪◆
		KHv. ■▪◆
		Eiweiß ▪
		Fett ◆
	32 kcal	Wasser ◆

Zwieback 20 g	Kalorien	Grundnährstoffe
		KHn.v. ◆
		KHv. ■▪▪◆
		Eiweiß ▪
		Fett ◆
	76 kcal	Wasser ▪◆

Vollkornzwieback 20 g	Kalorien	Grundnährstoffe
		KHn.v. ▪
		KHv. ■▪◆
		Eiweiß ▪◆
		Fett ◆
	73 kcal	Wasser ▪◆

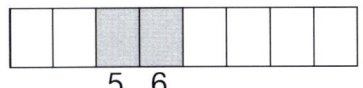

5 6

(g)	%	Vitamine	Mineralstoffe		Beurteilung
1,4 g	——	A	K	♥	
6,6 g	——	B ∗	Ca	🦴	
1,0 g	——	C	Fe	🩸	
0,2 g	——		Mg	💪	Na
0,7 g	——	E 🧽	F	🦷	☺ ballaststoffreich

(g)	%	Vitamine	Mineralstoffe		Beurteilung
0,7 g	——	A	K	♥	
14,6 g	——	B	Ca	🦴	
2,0 g	——		Fe ∗		STOP
0,8 g	——	C	Mg ∗		Na
1,7 g	——	E	F		

(g)	%	Vitamine	Mineralstoffe		Beurteilung
2 g	——	A	K	♥	
11,2 g	——	B	Ca	🦴	
1,5 g	——		Fe	●	
0,2 g	——	C	Mg	💪	Na
1,6 g	——	E 🧽	F ∗		☺ ballaststoffreich

Nenne das Produkt mit den wenigsten Kalorien.

Butter 10 g	Kalorien	Grundnährstoffe
		KHn.v.
		KHv. ◆
		Eiweiß ◆
		Fett ■▪▪◆
	75 kcal	Wasser ▪◆

Margarine 10 g	Kalorien	Grundnährstoffe
		KHn.v.
		KHv.
		Eiweiß
		Fett ■▪▪
	73 kcal	Wasser ▪

Halbfettmargarine 10 g	Kalorien	Grundnährstoffe
		KHn.v.
		KHv.
		Eiweiß ◆
		Fett ▪▪
	38 kcal	Wasser ■▪

7

(g)	%	Vitamine	Mineralstoffe	Beurteilung
0 g	——	A	K *	
0,1 g	——	B	Ca	
0,1 g	——		Fe *	STOP
8,3 g	——	C	Mg *	Na Cho
1,5 g	——	E	F	

(g)	%	Vitamine	Mineralstoffe	Beurteilung
0 g	——	A	K *	
0 g	——	B	Ca *	
0 g	——		Fe	STOP
8,0 g	——	C	Mg *	Na Cho
2,0 g	——	E	F	

(g)	%	Vitamine	Mineralstoffe	Beurteilung
0 g	——	A	K *	
0 g	——	B	Ca	
0,3 g	——		Fe	STOP
4,0 g	——	C	Mg *	Na Cho
5,8 g	——	E	F	

Nenne den Grundnährstoff, den nur die Nuß-Nougat-Creme enthält!

Nuß-Nougat-Creme 20 g	Kalorien	Grundnährstoffe
![plate]	106 kcal	KHn.v. KHv. ■▪◆ Eiweiß ▪◆ Fett ■◆ Wasser ◆

Marmelade 20 g	Kalorien	Grundnährstoffe
![plate]	53 kcal	KHn.v. ◆ KHv. ■▪▪◆ Eiweiß ◆ Fett Wasser ▪◆

Bienenhonig 20 g	Kalorien	Grundnährstoffe
![plate]	65 kcal	KHn.v. KHv. ■▪▪◆ Eiweiß ◆ Fett Wasser ▪▪◆

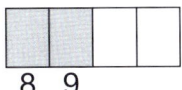

8 9

(g)	%	Vitamine	Mineralstoffe	Beurteilung
0 g	___	A ∗	K ♥	
11,8 g	___	B ∗	Ca	STOP
1,6 g	___		Fe	
5,8 g	___	C ∗	Mg	Na
0,2 g	___	E	F	

(g)	%	Vitamine	Mineralstoffe	Beurteilung
0,6 g	___	A	K ∗	
13,2 g	___	B	Ca	STOP
0,1 g	___		Fe	
0 g	___	C ∗	Mg ∗	Na
5,8 g	___	E	F	

(g)	%	Vitamine	Mineralstoffe	Beurteilung
0 g	___	A	K ∗	
16,2 g	___	B ∗	Ca ∗	STOP
0,1 g	___		Fe ∗	
0 g	___	C ∗	Mg ∗	Na
3,4 g	___	E	F	

Nenne den Grundnährstoff,
der für die hohe Kalorienmenge
verantwortlich ist.

Schinken, geräuchert 15 g	Kalorien	Grundnährstoffe
		KHn.v.
		KHv.
		Eiweiß
		Fett
	50 kcal	Wasser

Schinken, gekocht 45 g	Kalorien	Grundnährstoffe
		KHn.v.
		KHv.
		Eiweiß
		Fett
	87 kcal	Wasser

Schinkenspeck 20 g	Kalorien	Grundnährstoffe
		KHn.v.
		KHv.
		Eiweiß
		Fett
	124 kcal	Wasser

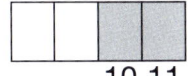
10 11

(g)	%	Vitamine	Mineralstoffe		Beurteilung
0 g	—	A	K	❤	
0 g	—	B ∗	Ca		STOP
2,5 g	—		Fe		
5,2 g	—	C	Mg ∗		Na Cho
6,3 g	—	E	F		

(g)	%	Vitamine	Mineralstoffe		Beurteilung
0 g	—	A	K	❤	
0 g	—	B	Ca		⚠
8,8 g	—		Fe		
5,8 g	—	C	Mg		Na Cho
28,8 g	—	E	F		

(g)	%	Vitamine	Mineralstoffe		Beurteilung
0 g	—	A	K	❤	
0 g	—	B ∗	Ca		STOP
1,8 g	—		Fe ∗		
13,0 g	—	C	Mg ∗		Na Cho
4,0 g	—	E ∗	F		

Nenne das Lebensmittel, das am meisten Kalium enthält.

Lachsschinken 12 g	Kalorien	Grundnährstoffe
		KHn.v.
		KHv.
		Eiweiß ▪▪◆
		Fett ◆
	18 kcal	Wasser ▪▪▪◆

Geflügelwurst, mager 25 g	Kalorien	Grundnährstoffe
		KHn.v.
		KHv. ◆
		Eiweiß ▪◆
		Fett ▪▪◆
	66 kcal	Wasser ▪▪▪◆

Hähnchen in Aspik 25 g	Kalorien	Grundnährstoffe
		KHn.v. ◆
		KHv. ◆
		Eiweiß ▪▪◆
		Fett ▪▪
	20 kcal	Wasser ▪▪▪◆

Weitere Wurstsorten siehe Abendessen!

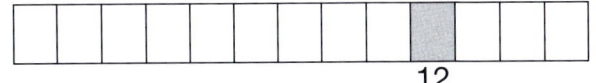

12

(g)	%	Vitamine	Mineralstoffe	Beurteilung
0 g	——	A	K	
0 g	——	B	Ca	
3,6 g	——		Fe	STOP
0,5 g	——	C ✶	Mg	
8,1 g	——	E	F	

(g)	%	Vitamine	Mineralstoffe	Beurteilung
0 g	——	A ✶	K ♥	
0,1 g	——	B ✶	Ca	
5,1 g	——		Fe	⚠
4,5 g	——	C	Mg	Na Cho
14,2 g	——	E ✶	F	

(g)	%	Vitamine	Mineralstoffe	Beurteilung
0,2 g	——	A ✶	K	
0,3 g	——	B ✶	Ca	
2,7 g	——		Fe	⚠
2,8 g	——	C ✶	Mg ✶	Na Cho
18,8 g	——	E ✶	F	

Finde eine Erklärung für das „Stop"-
Schild beim 40%-igen Speisequark.
Wegen der zu vielen

Speisequark, 40 % 20 g	Kalorien	Grundnährstoffe
		KHn.v.
		KHv.
		Eiweiß
		Fett
	32 kcal	Wasser

Speisequark, 20 % 20 g	Kalorien	Grundnährstoffe
		KHn.v.
		KHv.
		Eiweiß
		Fett
	22 kcal	Wasser

Speisequark, mager 20 g	Kalorien	Grundnährstoffe
		KHn.v.
		KHv.
		Eiweiß
		Fett
	15 kcal	Wasser

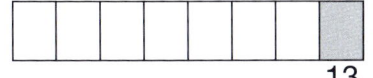
13

(g)	%	Vitamine	Mineralstoffe	Beurteilung
0 g	___	A ⌐	K ♥	STOP
0,6 g	___	B ★	Ca ⌐	
2,3 g	___	C ★	Fe ★	Na Cho
2,2 g	___		Mg ★	
14,7 g	___	E ★	F ★	

(g)	%	Vitamine	Mineralstoffe	Beurteilung
0 g	___	A ★	K ♥	⚠
0,7 g	___	B ★	Ca ⌐	
2,5 g	___	C ★	Fe ★	Na Cho
1,2 g	___		Mg ★	
15,6 g	___	E ★	F ★	

(g)	%	Vitamine	Mineralstoffe	Beurteilung
0 g	___	A ★	K ♥	⚠
0,8 g	___	B ★	Ca ⌐	
2,7 g	___	C ★	Fe ★	Na Cho
0,1 g	___		Mg ★	
16,3 g	___	E ★	F ★	

Nenne das Produkt mit dem höchsten Fettgehalt.

Doppelrahmkäse, 60 % 20 g	Kalorien	Grundnährstoffe
		KHn.v.
		KHv.
		Eiweiß
		Fett
	66 kcal	Wasser

Schmelzkäse, 45 % 25 g	Kalorien	Grundnährstoffe
		KHn.v.
		KHv.
		Eiweiß
		Fett
	67 kcal	Wasser

Körniger Frischkäse, 20 % 20 g	Kalorien	Grundnährstoffe
		KHn.v.
		KHv.
		Eiweiß
		Fett
	20 kcal	Wasser

Weitere Käsesorten siehe Abendessen!

14

(g)	%	Vitamine	Mineralstoffe	Beurteilung
0 g	—	A	K	
0 g	—	B *	Ca	
2,2 g	—		Fe	**STOP**
6,3 g	—	C	Mg *	Na Cho
10,5 g	—	E *	F	

(g)	%	Vitamine	Mineralstoffe	Beurteilung
0 g	—	A	K	
0 g	—	B	Ca	
3,6 g	—		Fe *	!
5,9 g	—	C	Mg	Na Cho
12,8 g	—	E *	F	

(g)	%	Vitamine	Mineralstoffe	Beurteilung
0 g	—	A *	K	
0,7 g	—	B *	Ca	
2,5 g	—		Fe *	!
0,8 g	—	C	Mg	Na
15,7 g	—	E	F	

Die Trinkmilch mit einem Fettgehalt von 3,5% enthält die Vitamine A und E.
Dagegen ist in der 0,3%-igen Milch Vitamin A nur noch in Spuren und Vitamin E gar nicht mehr vorhanden, denn diese beiden Vitamine sind fettlöslich. Nur stark übergewichtige Kinder sollten deshalb fettreduzierte Milch trinken und die Vitamine in Form von Gemüse aufnehmen.

Trinkmilch 3,5% 200 ml	Kalorien	Grundnährstoffe
	 128 kcal	KHn.v. KHv. Eiweiß Fett Wasser

Trinkmilch 1,5% 200 ml	Kalorien	Grundnährstoffe
	 94 kcal	KHn.v. KHv. Eiweiß Fett Wasser

Trinkmilch 0,3% 200 ml	Kalorien	Grundnährstoffe
	 68 kcal	KHn.v. KHv. Eiweiß Fett. Wasser

(ml)	%	Vitamine	Mineralstoffe			Beurteilung
0 ml	___	A 👁	K ❤️🔻			
9,6 ml	___	B ⭐	Ca 🦴🦴🦴			
6,6 ml	___		Fe ✶			
7,0 ml	___	C ✶	Mg 💪			Na Cho
175 ml	___	E 🧽	F 🦷			

(ml)	%	Vitamine	Mineralstoffe			Beurteilung
0 ml	___	A 👁	K ❤️			
9,8 ml	___	B ⭐	Ca 🦴🦴🦴			
6,8 ml	___		Fe ✶			
3,0 ml	___	C ✶	Mg 💪			Na Cho
178,6 ml	___	E	F 🦷			

(ml)	%	Vitamine	Mineralstoffe			Beurteilung
0 ml	___	A ✶	K ❤️🔻			
9,8 ml	___	B ⭐	Ca 🦴🦴🦴			
7,0 ml	___		Fe ✶			
0,6 ml	___	C ✶	Mg 💪			Na
181 ml	___	E	F 🦷			

Im Vergleich zur Milch haben diese Getränke sehr viele Kohlenhydrate. Dafür ist ihr sehr hoher Zuckeranteil verantwortlich. Du solltest diese Getränke möglichst meiden, denn sie sind zu

Kakaotrunk 200 ml	Kalorien	Grundnährstoffe
	104 kcal	KHn.v. KHv. Eiweiß Fett Wasser

Erdbeertrunk aus Magermilch 200 ml	Kalorien	Grundnährstoffe
	358 kcal	KHn.v. KHv. Eiweiß Fett Wasser

Vanilletrunk aus Magermilch 200 ml	Kalorien	Grundnährstoffe
	366 kcal	KHn.v. KHv. Eiweiß Fett Wasser

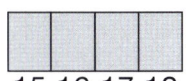
15 16 17 18

(ml)	%	Vitamine		Mineralstoffe		Beurteilung
0 ml	___	A		K	♥♥	
17,8 ml	___	B	✳	Ca	⟍⟍⟍	
7,0 ml	___			Fe	◖	
0,6 ml	___	C	*	Mg	💪	Na Cho
171,4 ml	___	E		F	🦷	☹ Genußmittel

(ml)	%	Vitamine		Mineralstoffe		Beurteilung
0,3 ml	___	A	👁	K	♥♥	
38,2 ml	___	B	✶	Ca	⟍	
7,0 ml	___			Fe	*	
18,6 ml	___	C	♥	Mg	💪	Na Cho
133,5 ml	___	E		F	🦷	

(ml)	%	Vitamine		Mineralstoffe		Beurteilung
0 ml	___	A	👁	K	♥♥	
44,4 ml	___	B	✶	Ca	⟍⟍⟍	
6,5 ml	___			Fe	*	
18,4 ml	___	C	*	Mg	💪	Na Cho
129,6 ml	___	E		F	🦷	

Diese Lebensmittel enthalten sehr viele Mineralstoffe. Ferrum (Fe) ist auch dabei. Es ist ein lateinischer Ausdruck. Nenne das deutsche Wort dafür. Du findest es auf Seite 56.

Corn-Flakes 20 g	Kalorien	Grundnährstoffe
	67 kcal	KHn.v. KHv. Eiweiß Fett Wasser

Haferflocken (Vollkorn) 50 g	Kalorien	Grundnährstoffe
	182 kcal	KHn.v. KHv. Eiweiß Fett Wasser

Früchte-Müsli 70 g	Kalorien	Grundnährstoffe
	244 kcal	KHn.v. KHv. Eiweiß Fett Wasser

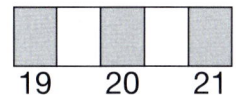

| 19 | 20 | 21 |

(g)	%	Vitamine	Mineralstoffe	Beurteilung
0,8 g	——	A	K ♥	
15,8 g	——	B ✦ ✦	Ca 🦴	**STOP**
1,8 g	——		Fe ◖	
0 g	——	C	Mg ✶	Na
1,2 g	——	E ✶	F	

(g)	%	Vitamine	Mineralstoffe	Beurteilung
2,7 g	——	A	K ♥	
31,7 g	——	B ✦	Ca 🦴	⚠
6,9 g	——		Fe ◖ ◖	
3,5 g	——	C	Mg 💪💪	Na
5,2 g	——	E	F 🦷	☺ ballaststoffreich

(g)	%	Vitamine	Mineralstoffe	Beurteilung
4,2 g	——	A ◂	K ♥ ♥	
46,2 g	——	B ✦	Ca 🦴 🦴	⚠
7,0 g	——		Fe ◖ ◖	
0,1 g	——	C	Mg 💪 💪	Na
8,4 g	——	E	F 🦷	☺ ballaststoffreich

Der Körper kann das Eisen aus Vollkornprodukten besser aufnehmen, wenn man ihm gleichzeitig Vitamin C zuführt. Dazu bieten sich u. a. diese drei Produkte an. Nenne den Mineralstoff, der auch noch in großer Menge in diesen drei Lebensmitteln vorkommt. Er sorgt für die Entwässerung in deinem Körper und kräftigt deinen Herzmuskel.

Grapefruit, roh 200 g (300 g)	Kalorien	Grundnährstoffe
		KHn.v.
		KHv.
		Eiweiß
		Fett
	94 kcal	Wasser

Apfelsinensaftkonzentrat 200 ml	Kalorien	Grundnährstoffe
		KHn.v.
		KHv.
		Eiweiß
		Fett
	98 kcal	Wasser

Apfelsinensaft, gepreßt 200 ml	Kalorien	Grundnährstoffe
		KHn.v.
		KHv.
		Eiweiß
		Fett
	94 kcal	Wasser

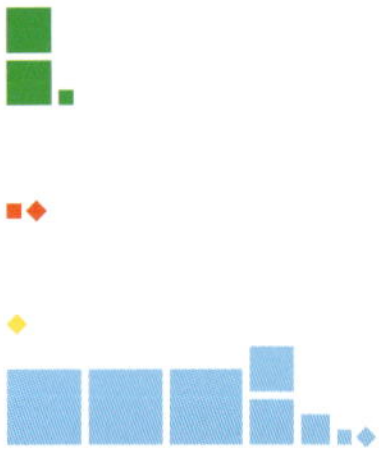

Weitere Getränke siehe Getränke!

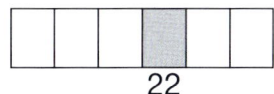

22

(g)	%	Vitamine		Mineralstoffe		Beurteilung
1,2 g	——	A		K	♥ ♥	
33,4 g	——	B	*	Ca		
0,4 g	——	C		Fe		Na
2,6 g	——			Mg		
177,8 g	——	E		F		

(ml)	%	Vitamine		Mineralstoffe		Beurteilung
0 ml	——	A		K	♥ ♥	
22 ml	——	B		Ca		
1,4 ml	——	C		Fe		Na
0,4 ml	——			Mg		
175,2 ml	——	E		F		

(ml)	%	Vitamine		Mineralstoffe		Beurteilung
0 ml	——	A		K	♥ ♥	
21 ml	——	B		Ca		
1,4 ml	——	C		Fe		Na
0,4 ml	——			Mg		
176,4 ml	——	E		F		

Nenne das Produkt mit der geringsten Menge, aber den meisten Kalorien.

Kaffee, schwarz 150 ml	Kalorien	Grundnährstoffe
	3 kcal	KHn.v. KHv. Eiweiß Fett Wasser

Kondensmilch, 4 % 7,5 ml	Kalorien	Grundnährstoffe
	10 kcal	KHn.v. KHv. Eiweiß Fett Wasser

Schw. Tee o. Zucker 150 ml	Kalorien	Grundnährstoffe
	2 kcal	KHn.v. KHv. Eiweiß Fett Wasser

									23	24

(ml)	%	Vitamine	Mineralstoffe	Beurteilung
0 ml	___	A	K ♥	
0,5 ml	___	B	Ca 🦴	
0,3 ml	___		Fe ∗	
0 ml	___	C	Mg ∗	
49,1 ml	___	E	F	Na ☹ Genußmittel

(ml)	%	Vitamine	Mineralstoffe	Beurteilung
0 ml	___	A ∗	K ♥	
1,0 ml	___	B ∗	Ca 🦴	
0,7 ml	___		Fe ∗	
0,3 ml	___	C ∗	Mg ∗	Na Cho
5,3 ml	___	E ∗	F ∗	

(ml)	%	Vitamine	Mineralstoffe	Beurteilung
0,8 ml	___	A	K ♥	
0 ml	___	B	Ca 🦴	
0,2 ml	___		Fe	
0,1 ml	___	C	Mg	Na
49,0 ml	___	E	F 🦷🦷	☹ Genußmittel

95

Diese drei Produkte sind sehr kalorienreich. Deshalb solltest du möglichst auf sie verzichten. Sie enthalten zwar in Spuren Mineral-stoffe, aber sie enthalten keine …

Würfelzucker, 2 Stück 5 g	Kalorien	Grundnährstoffe
	20 kcal	KHn.v. KHv. ■ Eiweiß Fett Wasser

Zucker, 1 Teelöffel 5 g	Kalorien	Grundnährstoffe
	20 kcal	KHn.v. KHv. ■ Eiweiß Fett Wasser

Rübenkraut 8 g	Kalorien	Grundnährstoffe
	22 kcal	KHn.v. KHv. ■◆ Eiweiß ◆ Fett Wasser ▪▪◆

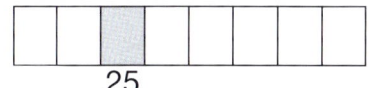
25

(g)	%	Vitamine	Mineralstoffe	Beurteilung
0 g	___	A	K ∗	
5,0 g	___	B	Ca ∗	STOP
0 g	___		Fe	
0 g	___	C	Mg	
0 g	___	E	F	

(g)	%	Vitamine	Mineralstoffe	Beurteilung
0 g	___	A	K ∗	
5,0 g	___	B	Ca ∗	STOP
0 g	___		Fe	
0 g	___	C	Mg	
0 g	___	E	F	

(g)	%	Vitamine	Mineralstoffe	Beurteilung
0 g	___	A	K ∗	
5,6 g	___	B	Ca ∗	STOP
0,1 g	___		Fe	
0 g	___	C	Mg ∗	
2,3 g	___	E	F ∗	

Schulfrühstück

Endlich! Es hat geklingelt! Die zweite Unterrichtsstunde ist beendet.
Der kleine Conni und der faule Anton flitzen aus der Klasse. Sie ra-
sen über den Schulflur in die Mensa. Sie wollen die Ersten sein, damit sie für ihr Schulfrühstück nicht lange anstehen müssen. Aber oje!
Da ist bereits eine lange Schlange. Conni und Anton warten unge-
duldig. Nervös hüpfen sie von einem Bein auf das andere, bis sie
endlich an der Reihe sind. Sie kaufen sich ein Eis und beginnen zu
essen. Aber oh Schreck! Es klingelt schon wieder. Die dritte Unterrichtsstunde beginnt gleich. Was sollen sie nun tun? Conni schlägt
vor: „Laß uns das Eis in Ruhe aufessen und zu spät in den Unterricht
gehen!" - „Nein, bloß nicht! Das gibt nur wieder Zoff! Wir nehmen
das Eis mit und essen heimlich weiter", erwidert Anton. Schnell hu-
schen sie in den Klassenraum zurück. Nur wenige Sekunden später
kommt die Klassenlehrerin, Frau Becker, herein. Sie beginnt sofort
mit dem Unterricht, denn morgen wird eine Englischarbeit geschrieben, und alle müssen noch einmal gründlich üben. An Antons Tisch
wird es plötzlich unruhig. Sein Eis tropft wie ein Wasserhahn, und
alle beginnen zu kichern. Frau Becker, heute besonders schlecht gelaunt, rastet aus: „Wie oft habe ich euch schon gesagt, daß ihr nicht
mit eurem Eis in den Unterricht kommen sollt! Ab damit in den Müll!
Das gilt auch für Conni! Ich lasse mich doch nicht von dir für dumm
verkaufen. Bringt euch das Schulfrühstück von zu Hause mit. Dann
habt ihr mehr Zeit zum Essen, und billiger ist es auch!" Bedröppelt
werfen Conni und Anton ihr Eis in den Müll. Der Tag ist für sie wieder
'mal gelaufen.
Zu Hause erzählen sie den anderen die Geschichte.
Det hat kein Mitleid mit ihnen: „Ihr laßt euer Schulfrühstück ja auch
immer hier stehen! Dabei gibt sich Edi so viel Mühe damit", sagt er
unwirsch. „Es ist klar, daß ihr in der Schule Hunger bekommt. Ihr
pennt ja immer so lange, daß euch zum Frühstücken zu Hause keine
Zeit mehr bleibt. Euer Gehirn benötigt aber Energie in Form von
Traubenzucker, damit ihr überhaupt etwas lernen könnt. Hättet ihr

euer Müsli gegessen, wären die darin enthaltenen Kohlenhydrate bis zum Schulbeginn in Traubenzucker umgewandelt worden, und ihr hättet euch gleich schon besser konzentrieren können. So aber bekommt ihr Heißhunger auf etwas Süßes, weil euer Gehirn versorgt werden muß. Bei allen Menschen läßt gegen 10 Uhr die Leistungsfähigkeit nach, weil im Blut nicht mehr genug Zucker ist. Deshalb sind kleine Zwischenmahlzeiten morgens und nachmittags so wichtig. Besonders ausgeprägt ist das Leistungstief bei denjenigen, die morgens nicht gefrühstückt haben. Die benötigen „schnelle Energie" in Form von Traubenzucker. Die anderen können zu diesem Zeitpunkt die „gesünderen" Kohlenhydrate - Vollkornprodukte und Obst - essen, wodurch sie eine lange Wirkungsdauer erzielen. Bei euch muß es schon Traubenzucker „pur" sein. Der ist in dem normalen Zucker in Eis und Schokoriegel zwar enthalten, doch soviel muß es in der Regel nicht sein. Deshalb hat Edi für euch einen Bananenjoghurt mit etwas Traubenzucker hergerichtet und euch einen Vollkornzwieback dazugelegt. Selbstgemachte Fruchtjoghurts und Fruchtquarkspeisen mit frischem Obst und etwas Traubenzucker sind viel besser als fertige. Die enthalten viel zuviel Zucker und kein frisches Obst. Besonders süß sind dabei ausgerechnet die speziell für Kinder hergestellten Produkte."

Conni und Anton sehen das ein und werden in Zukunft Edis Schulfrühstück mitnehmen. Ein bißchen ärgern sie sich auch über das für das Eis vergeudete Taschengeld.

Nach einer Idee von: Björn Benning, Björn Böhmer, Silvia Burda, Matthias Minschke, Steven Ord und Sabrina Turek

Führt in eurer Schule eine Umfrage zum Thema „Schulfrühstück" und „Taschengeld" durch. Veröffentlicht die Ergebnisse in der Schülerzeitung. Diskutiert darüber mit euren Lehrern.

Nenne den Grundnährstoff, der
Hauptbestandteil der Eiswaffel ist.

Milchspeiseeis 100 g	Kalorien	Grundnährstoffe
		KHn.v.
		KHv.
		Eiweiß
		Fett
	160 kcal	Wasser

Eiswaffeln 12 g	Kalorien	Grundnährstoffe
		KHn.v.
		KHv.
		Eiweiß
		Fett
	51 kcal	Wasser

Fruchteis 80 g	Kalorien	Grundnährstoffe
		KHn.v.
		KHv.
		Eiweiß
		Fett
	107 kcal	Wasser

				26			

(g)	%	Vitamine	Mineralstoffe	Beurteilung
0 g	___	A 👁	K ♥	
15,0 g	___	B ✹	Ca 🦴🦴	
3,0 g	___	C ∗	Fe ∗	Na Cho
10,0 g	___		Mg 💪	
72,0 g	___	E ∗	F 🦷	

(g)	%	Vitamine	Mineralstoffe	Beurteilung
0,3 g	___	A 👁	K ♥	
7,9 g	___	B ∗	Ca 🦴	
0,8 g	___	C	Fe ∗	STOP
1,7 g	___		Mg 💪	Na
1,1 g	___	E ∗	F ∗	

(g)	%	Vitamine	Mineralstoffe	Beurteilung
0,8 g	___	A 👁	K ♥	
22,1 g	___	B ∗	Ca 🦴	
0,6 g	___	C ✹	Fe 🥩	STOP
1,0 g	___		Mg 💪	Na
69,0 g	___	E ∗	F 🦷	

Nenne das Produkt mit den meisten Kohlenhydraten.

Vollmilchschokolade 16,5 g	Kalorien	Grundnährstoffe
		KHn.v.
		KHv. ■::◆
		Eiweiß ■◆
		Fett ■
	93 kcal	Wasser ◆

Schokokuss 27 g	Kalorien	Grundnährstoffe
		KHn.v.
		KHv. ■■■
		Eiweiß ◆
		Fett ◆
	105 kcal	Wasser ■◆

Müsliriegel 25 g	Kalorien	Grundnährstoffe
		KHn.v. ■◆
		KHv. ■:
		Eiweiß ■◆
		Fett ::◆
	111 kcal	Wasser ::◆

			27

(g)	%	Vitamine	Mineralstoffe	Beurteilung
0 g	___	A	K ♥	**STOP**
9,2 g	___	B *	Ca	
1,3 g	___	Fe	Na Cho
5,0 g	___	C	Mg	
0,2 g	___	E	F	

(g)	%	Vitamine	Mineralstoffe	Beurteilung
0 g	___	A	K *	**STOP**
25,0 g	___	B	Ca	
0,2 g	___	Fe *	Na Cho
0,1 g	___	C	Mg	
1,7 g	___	E	F	

(g)	%	Vitamine	Mineralstoffe	Beurteilung
1,3 g	___	A *	K ♥	**STOP**
12,0 g	___	B *	Ca	
1,9 g	___	Fe	Na
4,8 g	___	C *	Mg	
4,5 g	___	E	F *	

Nenne das Produkt, das am meisten Kalium, Eisen und Magnesium enthält.

Banane 150 g (200 g)	Kalorien	Grundnährstoffe
		KHn.v.
		KHv.
	122 kcal	Eiweiß
		Fett
		Wasser

Apfel 170 g	Kalorien	Grundnährstoffe
		KHn.v.
		KHv.
		Eiweiß
	85 kcal	Fett
		Wasser

Birne 200 g	Kalorien	Grundnährstoffe
		KHn.v.
		KHv.
		Eiweiß
		Fett
	92 kcal	Wasser

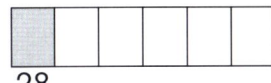

28

(g)	%	Vitamine	Mineralstoffe		Beurteilung
4,5 g	___	A ◂	K ♥♥❤		
32,1 g	___	B ☆	Ca		
1,7 g	___		Fe ●		Na
0,3 g	___	C ♥	Mg 💪💪		
113,9 g	___	E	F 🦷		

(g)	%	Vitamine	Mineralstoffe		Beurteilung
5,1 g	___	A ∗	K ♥❤		
18,5 g	___	B ∗	Ca		
0,5 g	___		Fe ◖		Na
0 g	___	C ❀	Mg ◗		
143,4 g	___	E ❀	F 🦷		

(g)	%	Vitamine	Mineralstoffe		Beurteilung
4,0 g	___	A ∗	K ♥❤		
25,4 g	___	B ∗	Ca		
1,2 g	___		Fe ◖		Na
0,8 g	___	C ♥	Mg ◗		
170,0 g	___	E ❀❀	F 🦷		

Nenne das Produkt mit den
wenigsten Kalorien.

Pflaumen 150 g	Kalorien	Grundnährstoffe
		KHn.v.
		KHv.
		Eiweiß
		Fett
	77 kcal	Wasser

Pfirsich 150 g	Kalorien	Grundnährstoffe
		KHn.v.
		KHv.
		Eiweiß
		Fett
	59 kcal	Wasser

Nektarine 150 g	Kalorien	Grundnährstoffe
		KHn.v.
		KHv.
		Eiweiß
		Fett
	79 kcal	Wasser

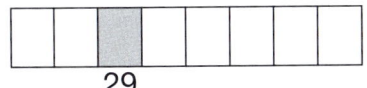

29

(g)	%	Vitamine	Mineralstoffe		Beurteilung
2,6 g	___	A	K	♥♥	
17,9 g	___	B	Ca		
0,9 g	___		Fe		Na
0 g	___	C	Mg		
126,3 g	___	E	F		

(g)	%	Vitamine	Mineralstoffe		Beurteilung
2,6 g	___	A	K	♥♥	
14,1 g	___	B	Ca		
4,7 g	___		Fe		Na
0 g	___	C	Mg		
131,3 g	___	E	F		

(g)	%	Vitamine	Mineralstoffe		Beurteilung
3,0 g	___	A	K	♥♥	
18,6 g	___	B	Ca		
1,4 g	___		Fe		Na
0 g	___	C	Mg		
120,3 g	___	E	F		

Nenne das Produkt mit der besten Beurteilung.

Süßkirschen 150 g	Kalorien	Grundnährstoffe
	89 kcal	KHn.v. KHv. Eiweiß Fett Wasser

Sauerkirschen 150 g	Kalorien	Grundnährstoffe
	75 kcal	KHn.v. KHv. Eiweiß Fett Wasser

Sauerkirschen im Glas 150 g	Kalorien	Grundnährstoffe
	125 kcal	KHn.v. KHv. Eiweiß Fett Wasser

▓		

30

(g)	%	Vitamine	Mineralstoffe	Beurteilung
3,0 g	___	A ◁	K ♥ ❤	
21,3 g	___	B ✱	Ca 🦴	
1,7 g	___	C 🌼	Fe ◖	Na
0,6 g	___		Mg 💪	
122,4 g	___	E ✱	F 🦷	

(g)	%	Vitamine	Mineralstoffe	Beurteilung
1,7 g	___	A ◁	K ♥	
17,6 g	___	B ✱	Ca 🦴	
1,7 g	___	C 🌼	Fe ◖	Na
0,6 g	___		Mg 💪	
126,5 g	___	E ✱	F	

(g)	%	Vitamine	Mineralstoffe	Beurteilung
2,3 g	___	A ◁	K ♥	
29,4 g	___	B ✱	Ca 🦴	
1,0 g	___	C 🌼	Fe ◖	Na
0,3 g	___		Mg 💪	
118,2 g	___	E ✱	F	

Nenne das Vitamin, das dich vor
Erkältungskrankheiten schützt.
Auf dieser Seite enthält die Apfelsine
am meisten davon.

Apfelsine 140 g (200 g)	Kalorien	Grundnährstoffe
		KHn.v.
		KHv.
		Eiweiß
		Fett
	62 kcal	Wasser

Ananas 150 g (200 g)	Kalorien	Grundnährstoffe
		KHn.v.
		KHv.
		Eiweiß
		Fett
	85 kcal	Wasser

Ananas in Dosen 150 g	Kalorien	Grundnährstoffe
		KHn.v.
		KHv.
		Eiweiß
		Fett
	143 kcal	Wasser

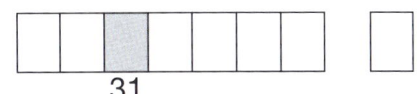

31

(g)	%	Vitamine	Mineralstoffe	Beurteilung
2,8 g	——	A 👁	K ❤❤	
13,3 g	——	B ✳	Ca	
1,4 g	——		Fe	
0 g	——	C	Mg	Na
120,3 g	——	E	F 🦷	

(g)	%	Vitamine	Mineralstoffe	Beurteilung
2,3 g	——	A ✳	K ❤❤	
20,3 g	——	B	Ca	
0,6 g	——		Fe	
0 g	——	C	Mg	Na
127 g	——	E	F 🦷	

(g)	%	Vitamine	Mineralstoffe	Beurteilung
1,5 g	——	A ✳	K ❤	
34,5 g	——	B	Ca	STOP
0,6 g	——		Fe	
0,3 g	——	C	Mg	Na
113,9 g	——	E	F	☹ Umweltbelastung

Nenne das Produkt mit den wenigsten Kalorien, obwohl es mengenmäßig das meiste ist.

Erdbeeren 150 g	Kalorien	Grundnährstoffe
	 35 kcal	KHn.v. ▪▫ KHv. ■▪▪◆ Eiweiß ◆ Fett Wasser ■■■▪▪▫◆

Johannisbeeren, rot 100 g	Kalorien	Grundnährstoffe
	 38 kcal	KHn.v. ▪▪◆ KHv. ■▪◆ Eiweiß ■◆ Fett ◆ Wasser ■■▪▪▪◆

Stachelbeeren 100 g	Kalorien	Grundnährstoffe
	 49 kcal	KHn.v. ■▪◆ KHv. ■◆ Eiweiß ■◆ Fett ◆ Wasser ■■■◆

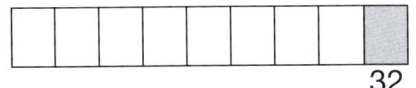

32

(g)	%	Vitamine		Mineralstoffe		Beurteilung
3,0 g	___	A ◄		K ❤❤		
9,8 g	___	B ✳		Ca		
0,6 g	___	C		Fe ●		Na
0 g	___			Mg		
134,6 g	___	E		F		

(g)	%	Vitamine		Mineralstoffe		Beurteilung
3,5 g	___	A ✳		K ❤❤		
7,9 g	___	B ✳		Ca		
1,1 g	___	C		Fe ●		Na
0,2 g	___			Mg		
84,7 g	___	E		F		

(g)	%	Vitamine		Mineralstoffe		Beurteilung
6,8 g	___	A ◄		K ❤❤		
10,3 g	___	B ✳		Ca		
1,5 g	___	C		Fe ●		Na
0,2 g	___			Mg		
80,4 g	___	E		F		

113

In Weintrauben ist sehr viel
Traubenzucker. Deshalb haben sie
relativ viele Kalorien.
Nenne das Produkt, das keine
Ballaststoffe enthält.

Weintrauben, hell 150 g	Kalorien	Grundnährstoffe
	110 kcal	KHn.v. KHv. Eiweiß Fett Wasser

Weintrauben, rot 150 g	Kalorien	Grundnährstoffe
	112 kcal	KHn.v. KHv. Eiweiß Fett Wasser

Fruchtquark, 20 % 150 g	Kalorien	Grundnährstoffe
	213 kcal	KHn.v. KHv. Eiweiß Fett Wasser

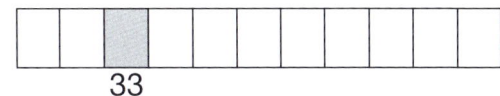

(g)	%	Vitamine	Mineralstoffe		Beurteilung
2,4 g	___	A ∗	K	♥♥	
24,1 g	___	B ∗	Ca		
1,0 g	___		Fe		Na
0,4 g	___	C	Mg		
120,4 g	___	E ∗	F		

(g)	%	Vitamine	Mineralstoffe		Beurteilung
2,4 g	___	A ∗	K	♥♥	
24,0 g	___	B ∗	Ca		
1,1 g	___		Fe		Na
0,5 g	___	C	Mg		
120,0 g	___	E	F		

(g)	%	Vitamine	Mineralstoffe		Beurteilung
0 g	___	A	K	♥	STOP
19,1 g	___	B	Ca		
15,0 g	___		Fe	∗	Na Cho
5,6 g	___	C ∗	Mg		
105,0 g	___	E ∗	F		☹ Umweltbelastung

Im Fruchtjoghurt ist sehr viel Zucker.
Nenne den Grundnährstoff, an dem
man das erkennen kann.

Fruchtjoghurt 1,5 % 150 g	**Kalorien**	**Grundnährstoffe**
		KHn.v.
		KHv.
		Eiweiß
		Fett
	117 kcal	Wasser

Joghurt 1,5 % 150 g	**Kalorien**	**Grundnährstoffe**
		KHn.v.
		KHv.
		Eiweiß
		Fett
	66 kcal	Wasser

Joghurt 3,5 % 150 g	**Kalorien**	**Grundnährstoffe**
		KHn.v.
		KHv.
		Eiweiß
		Fett
	91 kcal	Wasser

			34								

(g)	%	Vitamine	Mineralstoffe	Beurteilung
0 g	___	A ∗	K ♥	
20,4 g	___	B 🌟	Ca 🦴🦴	
4,5 g	___		Fe	
2,0 g	___	C ∗	Mg 💪	Na Cho
121,1 g	___	E ∗	F 🦷	☹ Umweltbelastung

(g)	%	Vitamine	Mineralstoffe	Beurteilung
0 g	___	A 👁	K ♥♥	
6,2 g	___	B 🌟	Ca 🦴🦴🦴	
5,1 g	___		Fe ∗	
2,3 g	___	C ∗	Mg 💪	Na Cho
134,1 g	___	E	F 🦷	☹ Umweltbelastung

(g)	%	Vitamine	Mineralstoffe	Beurteilung
0 g	___	A 👁	K ♥♥	
6,2 g	___	B 🌟	Ca 🦴🦴🦴	
5,1 g	___		Fe ∗	
5,3 g	___	C ∗	Mg 💪	Na Cho
131,3 g	___	E ∗	F 🦷	☹ Umweltbelastung

Mittagessen

Hurra! Die Ferien sind da! Die Fahrräder sind gepackt. Schlafsäcke, Zelte und Kochgeschirr sind darauf verstaut. In diesem Sommer campen die Mainzelmännchen nämlich an einem See in der Nähe von Malente. Anton wäre zwar lieber mit dem Zug gefahren, aber auch er muß strampeln, um Geld zu sparen. Früh morgens geht es los, und abends kommen alle total erledigt am Zeltplatz an. Schnell bauen sie die Zelte auf und werfen sich völlig erschöpft in die Schlafsäcke. Es ist schon bald Mittag, als sie am nächsten Tag aufwachen. Heute hat der lustige Berti Küchendienst. Der Arme muß nun für die hungrige Meute schnell etwas zu essen herzaubern. Edi, der Küchenchef, hat ausnahmsweise Erbarmen mit ihm. „Am besten kochst du Spaghetti. Das geht schnell. Ich koche aus einem Bund Suppengrün und Tomatenmark eine Soße dazu." Berti ist begeistert und kramt die Lebensmittel aus der Vorratstasche. Edi geht mit seinen Nahrungsmitteln in die Gemeinschaftsküche des Campingplatzes, da sie selbst nur eine Kochplatte mitgenommen haben. Berti kocht vor dem Zelt. Bevor er losgeht, ruft Edi Berti zu: „Denk daran, daß du die Spaghetti abschrecken und abtropfen lassen mußt!" Berti macht sich an die Arbeit. Das Wasser kocht schnell, und er legt die Nudeln hinein. Während sie ziehen, holt er die Wäscheleine aus dem Gepäck und spannt sie von einem Baum zu dem anderen. Dann grübelt er: „Was hat Edi bloß mit dem Abschrecken gemeint?" Er weiß es nicht, tut aber aus anderem Grund das Richtige. Da die Spaghetti zu heiß zum Anfassen sind, spült er sie mit kaltem Wasser ab. Dann nimmt er jede Nudel einzeln und hängt sie zum Abtropfen über die Wäscheleine. Stolz betrachtet er sein Meisterwerk. Er holt Teller und Besteck, um den Tisch zu decken. Als er zurück kommt, ist die Leine leer. Nirgends ist eine Spur von den Spaghetti zu finden. Berti ist vollkommen verzweifelt, als die anderen Mainzelmännchen vom Waschen kommen. Auch Edi naht schon mit dem Soßentopf. Während Fritzchen noch ein paar sportliche Übungen macht, erzählt er, daß es bei den Zeltnachbarn auch Spaghetti gibt, allerdings mit dem süßen, gekauften Ketchup. Berti schäumt vor Wut: „Die haben meine Spaghetti geklaut!" Die anderen kugeln sich vor Lachen. „Du bist selten blöd", rufen sie. Der schlaue Det klärt den völlig verstörten Berti auf und überreicht ihm einen Beutel mit Vollkornnudeln mit folgenden Worten: „Da wir unsere gesunde Soße schon haben, kochen wir jetzt auch noch gesunde Nudeln dazu. Vollkornnudeln haben zwar viele Kalorien, sie enthalten aber wenigstens Ballaststoffe. Die machen uns für lange Zeit satt und sorgen für eine bessere Verdauung. So hat uns deine Unwissenheit noch etwas gutes gebracht." Berti atmet erleichtert auf und hat schnell die Vollkornnudeln gekocht.

Am nächsten Tag hat Anton Küchendienst. Er will alles besser machen als Berti und ein besonders frisches Essen liefern. Deshalb begibt er sich zum Angeln an den See, denn Fisch ist gesund. Das hat Det schon oft gesagt. Kartoffeln hat er bereits geschält. Sie schwimmen im Wasser und müssen nachher nur noch gekocht werden. Den Rohkostsalat will er noch zubereiten, während der Fisch brät. Hoffnungsvoll wirft er seine Angel aus. Es dauert und dauert. Kein Fisch beißt an. Anton wird müder und müder, bis schließlich seine Augen zufallen und er einschläft. Plötzlich bellt ein Hund, und Anton schreckt auf. Ein Blick auf die Uhr sagt ihm, daß er das weitere Angeln vergessen kann. Er schwingt sich auf sein Fahrrad, fährt ins Dorf und kauft sechs niedlich aussehende Schollen. Stolz kommt er auf dem Campingplatz an. „Schaut her! Was ich gefangen habe!" ruft er den anderen schon von weitem zu. Die anderen werfen nur einen Blick auf die Schollen und brüllen vor Lachen. Anton begreift die Welt nicht mehr. Er weiß gar nicht was los ist. Edi fragt: „Mit welchem Köder hast du die denn gefangen? Sind die in Schwärmen vorbeigeschwommen?" Anton antwortet ganz stolz: „Gekonnt ist eben gekonnt!" Die anderen krümmen sich immer noch vor Lachen. Det klärt den unsicheren Anton auf: „Diese Tierchen schwimmen normalerweise in Meerwasser, und das kannst du hier suchen bis du schwarz wirst!" Anton wird puterrot und schämt sich erbärmlich. Nun tröstet ihn Det: „Macht nichts. Salzwasserfische sind sowieso gesünder als Süßwasserfische. Sie enthalten sehr viel Jod, das wir dringend benötigen, denn nur wenige Lebensmittel enthalten diesen Mineralstoff. Deshalb wird unserem Speisesalz Jod zugeführt. Zum Salzen sollte man nur jodiertes Speisesalz benutzen. Zur Vermeidung von Bluthochdruck sollte man allerdings ganz auf das Salzen bei der Nahrungzubereitung und bei Tisch verzichten, denn viele Lebensmittel enthalten bereits verstecktes Salz (Käse, Wurstwaren, Brot etc.). Man sollte also darauf achten, daß dieses versteckte Salz jodiert ist. Das ist leider bisher sehr selten der Fall. Deshalb können

wir uns über die Schollen freuen, die Anton 'geangelt' hat. Wir sollten mindestens zweimal pro Woche Fisch essen. Er enthält nicht nur Jod, sondern auch Fettsäuren, die der Körper benötigt, aber nicht selbst herstellen kann. Man nennt sie essentielle Fettsäuren. Sie sorgen dafür, daß sich im Blut nicht zuviel Cholesterin ansammelt."
Anton schämt sich nun nicht mehr so sehr, und eifrig macht er sich ans Zubereiten der Fische und des Salates. Edi hat schon das Joghurt-Quark-Kräuter-Dressing angerichtet. Das bißchen Fett im Dressing sorgt für die Aufnahme der fettlöslichen Vitamine A und E des Salates. Das haben die Mainzelmännchen bereits von Det gelernt. Aber etwas hat Anton noch falsch gemacht. Det erklärt ihm: „Du darfst die Kartoffeln nicht so lange im Wasser liegen lassen. Dabei verlieren sie das wasserlösliche Vitamin C. Um Kartoffeln vitaminschonend zuzubereiten, mußt du sie kurz vor dem Kochen schälen, kurz abspülen und in wenig Wasser dünsten. Besser und einfacher ist es, Pellkartoffeln zu kochen. Das ist noch vitamin- und mineralstoffschonender."
Anton antwortet schadenfroh: „Gut, daß ich das weiß. Demnächst lasse ich euch alle pellen!" Fröhlich brät er nun eine Scholle nach der anderen knusprig braun. Genüßlich verspeisen alle sechs Mainzelmännchen den Fisch mit Salat und Petersilienkartoffeln, denn Kräuter dürfen ja nicht fehlen. Sie helfen, auf das Würzen mit Salz zu verzichten, und die Speisen behalten ihren Eigengeschmack. Zudem sieht die grüne Petersilie auf den gelben Kartoffeln gut aus, und die Augen essen schließlich mit. Sogar Det hat heute einmal so richtig zugelangt und ist nun rundum zufrieden. „Das war ein phantastisch gesundes Essen," schwärmt er. Die anderen freuen sich über den endlich zufriedenen Det.

Am nächsten Tag hat der kleine Conni Küchendienst. Nach dem gelungenen Essen von gestern hat er es besonders schwer. Deshalb will er sich viel Mühe geben und geht zum Markt, um ganz frische Lebensmittel einzukaufen. Auf dem Markt angekommen, muß Conni immer an Dets Grundsatz denken: Das Essen soll reich an Gemüse, Kartoffeln und Obst sein sowie weniger tierisches Fett enthalten. Kartoffeln sind rasch gekauft. Mit dem Obst der Saison ist es im Sommer auch nicht schwer. Conni entscheidet sich für Süßkirschen und Johannisbeeren. Mit dem Gemüse hat er es bei dem vielfältigen Angebot nicht ganz so einfach. Da entdeckt er plötzlich ein Sonderangebot an Spinat. Sofort muß er an Popeye, den Seemann, denken. In seiner Phantasie sieht der kleine Conni sich und seine Muskelpakete wachsen. Begeistert kauft er kiloweise Spinat ein. Den will er nun jeden Tag essen, bis ihm das Paddeln im Schlauchboot leichter fällt. Die anderen essen den Spinat mit Kartoffeln und die Kirsch-Johannisbeer-Quarkspeise als Dessert sehr gerne. Nur, als sie erfahren, daß sie das nun jeden Tag essen sollen, beginnen sie zu maulen: „Du wirst noch grüner hinter den Ohren, wenn du jeden Tag Spinat ißt." Conni läßt sich nicht beirren. Er denkt wieder an Popeye und antwortet: „Spinat ist gesund, da er viele Vitamine und Mineralstoffe enthält; deshalb macht er groß und besonders stark." Die anderen lachen: „Ausgerechnet du groß und stark!" Conni erhofft Unterstützung von Det, doch diesmal hat er Pech. Det erklärt: „Natürlich ist Spinat sehr gesund. Er enthält jedoch wie viele andere Lebensmittel auch Stoffe, die nicht gerade gesund sind. Beim Spinat ist das die Oxalsäure. Sie vermindert die Aufnahme des Calciums. Deshalb sollte man nicht immer das gleiche, sondern vielmehr abwechslungsreich essen. Beim Gemüse ist das besonders einfach. Es gibt viele Sorten, die vitamin- und mineralstoffreich sind." Die anderen sind über Dets Kommentar überglücklich, denn das befürchtete „Spinatschicksal" bleibt ihnen erspart. Conni will die Hoffnung auf mehr POWER jedoch nicht aufgeben und langt wenigstens heute noch einmal kräftig zu.

Nach einer Idee von: Zeynep Basak, Dietrich Hermann,
Tanja Jesgarz, Dennis Kaltinski, Dennis Kent,
Marcel Raschke, Andreas Riedmayer

Male ein Bild zu dieser Geschichte.

Nenne das Lebensmittel mit den meisten Ballaststoffen.

Spaghetti, eifrei 200 g	Kalorien	Grundnährstoffe
	 188 kcal	KHn.v. KHv. Eiweiß Fett Wasser 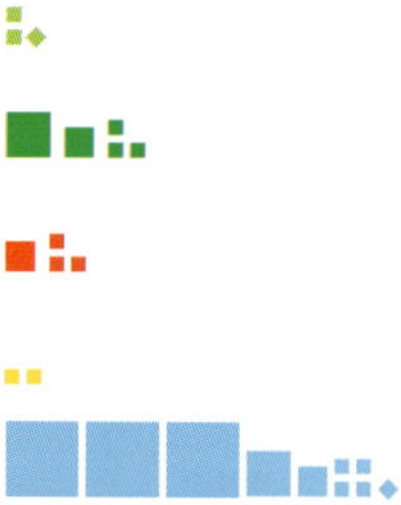

Vollkornnudeln 200 g	Kalorien	Grundnährstoffe
	 274 kcal	KHn.v. KHv. Eiweiß Fett Wasser 

Ravioli mit Tomatensoße 400 g	Kalorien	Grundnährstoffe
	 452 kcal	KHn.v. KHv. Eiweiß Fett Wasser 

35

(g)	%	Vitamine	Mineralstoffe		Beurteilung
2,6 g	____	A	K ♥		STOP
18,0 g	____	B ∗	Ca		
8,0 g	____		Fe ●		Na
2,0 g	____	C	Mg		
169,4 g	____	E	F		

(g)	%	Vitamine	Mineralstoffe		Beurteilung
8,0 g	____	A	K ♥♥		⚠
47,0 g	____	B	Ca		
10,0 g	____		Fe ●●		Na
2,8 g	____	C	Mg		
132,2 g	____	E	F		☺ ballaststoffreich

(g)	%	Vitamine	Mineralstoffe		Beurteilung
0 g	____	A	K ♥♥♥		⚠
58,0 g	____	B	Ca		
14,0 g	____		Fe ●●		Na Cho
10,0 g	____	C	Mg		
310,0 g	____	E	F		

Mayonnaise hat sehr viele Kalorien, da sie einen hohen Fettanteil hat. Nenne das Produkt mit den wenigsten Kalorien.

Tomatenketchup 14 g	Kalorien	Grundnährstoffe
		KHn.v.
		KHv.
		Eiweiß
		Fett
	45 kcal	Wasser

Jägersoße 20 g	Kalorien	Grundnährstoffe
		KHn.v.
		KHv.
		Eiweiß
		Fett
	11 kcal	Wasser

Mayonnaise, 80 % 20 g	Kalorien	Grundnährstoffe
		KHn.v.
		KHv.
		Eiweiß
		Fett
	145 kcal	Wasser

(g)	%	Vitamine		Mineralstoffe		Beurteilung
0 g	___	A ★		K ♥		
3,9 g	___	B ★		Ca		
0,3 g	___			Fe ★		
0 g	___	C ★		Mg ★		
10,4 g	___	E ★		F ★		Na

(g)	%	Vitamine		Mineralstoffe		Beurteilung
0 g	___	A ★		K ♥		
1,0 g	___	B ★		Ca		
0,4 g	___			Fe ★		
0,6 g	___	C ★		Mg ★		
18,0 g	___	E ★		F ★		Na

(g)	%	Vitamine		Mineralstoffe		Beurteilung
1,0 g	___	A ★		K ♥		
1,0 g	___	B		Ca		STOP
0,1 g	___			Fe ★		
15,8 g	___	C		Mg ★		Na Cho
3,0 g	___	E		F		

Nenne das Produkt mit dem höchsten Fettanteil und den meisten Kalorien.

Pommes Frites 100 g	Kalorien	Grundnährstoffe
	264 kcal	KHn.v. KHv. Eiweiß Fett Wasser

Kartoffelkroketten 100 g	Kalorien	Grundnährstoffe
	123 kcal	KHn.v. KHv. Eiweiß Fett Wasser

Kartoffelpuffer 50 g	Kalorien	Grundnährstoffe
	77 kcal	KHn.v. KHv. Eiweiß Fett Wasser

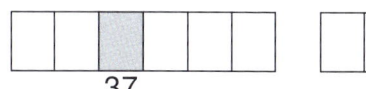
37

(g)	%	Vitamine	Mineralstoffe		Beurteilung
4,0 g	___	A	K	♥♥♥❮	
35,7 g	___	B ★	Ca	🦴	
4,2 g	___		Fe	●	⚠️
14,5 g	___	C	Mg		Na
43,6 g	___	E	F		

(g)	%	Vitamine	Mineralstoffe		Beurteilung
6,0 g	___	A 👁	K	♥❮	
27,3 g	___	B 🌾	Ca	🦴	
1,3 g	___		Fe	◖	⚠️
1,0 g	___	C 🐟	Mg	💪	Na Cho
75,4 g	___	E 💧	F 🦷		

(g)	%	Vitamine	Mineralstoffe		Beurteilung
4,0 g	___	A ★	K	♥	
11,9 g	___	B ★	Ca	🦴	
1,2 g	___		Fe	◖	⚠️
2,7 g	___	C 🐟	Mg	💪	Na Cho
39,5 g	___	E 💧💧	F ★		

127

Nenne das Produkt mit der höchsten Nährstoffdichte.

Kartoffelklöße, gekocht 85 g	Kalorien	Grundnährstoffe
	38 kcal	KHn.v. KHv. Eiweiß Fett Wasser

Kartoffelpüree 200 g	Kalorien	Grundnährstoffe
	120 kcal	KHn.v. KHv. Eiweiß Fett Wasser

Kartoffeln, gekocht 150 g	Kalorien	Grundnährstoffe
	105 kcal	KHn.v. KHv. Eiweiß Fett Wasser

Bratkartoffeln, Hamburger und Pizza siehe Abendessen!

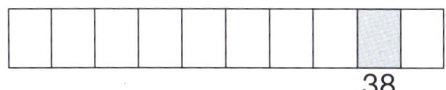

38

(g)	%	Vitamine	Mineralstoffe	Beurteilung
0,5 g ___		A ∗	K ♥	
7,3 g ___		B ∗	Ca	
0,8 g ___		C ∗	Fe ∗	⚠
0,4 g ___			Mg	Na
75,4 g ___		E ∗	F ∗	

(g)	%	Vitamine	Mineralstoffe	Beurteilung
1,4 g ___		A ∗	K ♥	
7,2 g ___		B ∗	Ca	
1,2 g ___		C	Fe	⚠
1,6 g ___			Mg	Na Cho
188,0 g ___		E ∗	F ∗	

(g)	%	Vitamine	Mineralstoffe	Beurteilung
3,8 g ___		A ∗	K ♥♥♥	
23,1 g ___		B ∗	Ca	
3,0 g ___		C	Fe ●	◆
0 g ___			Mg	Na
116,7 g ___		E	F	

Zur Herstellung von Sauerkraut
benötigt man sehr viel Salz.
Nenne den in größeren Mengen
schädlichen Bestandteil des Salzes.

Wirsing, gekocht 100 g	Kalorien	Grundnährstoffe
	25 kcal	KHn.v. ▪ KHv. ▪▪♦ Eiweiß ▪♦ Fett ♦ Wasser ■■■

Weißkohl, gekocht 150 g	Kalorien	Grundnährstoffe
	30 kcal	KHn.v. ▪▪♦ KHv. ■♦ Eiweiß ▪♦ Fett ♦ Wasser ■■■♦

Sauerkraut, roh 150 g	Kalorien	Grundnährstoffe
	24 kcal	KHn.v. ▪▪♦ KHv. ▪▪♦ Eiweiß ▪♦ Fett ♦ Wasser ■■■▪♦

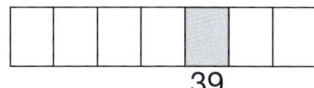

39

(g)	%	Vitamine	Mineralstoffe	Beurteilung
2,0 g	___	A ✶	K ♥♥	
3,1 g	___	B ✶	Ca	
2,2 g	___		Fe	
0,4 g	___	C	Mg	Na
92,5 g	___	E	F	

(g)	%	Vitamine	Mineralstoffe	Beurteilung
4,5 g	___	A ✶	K ♥♥	
5,3 g	___	B ✶	Ca	
1,7 g	___		Fe	
0,3 g	___	C	Mg	
140,9 g	___	E	F	

(g)	%	Vitamine	Mineralstoffe	Beurteilung
3,3 g	___	A	K ♥♥	
3,6 g	___	B	Ca	
2,3 g	___		Fe	
0,5 g	___	C	Mg	Na
137,7 g	___	E	F	

131

Nenne das Vitamin, das in allen
Kohlarten in sehr großer Menge
vorhanden ist.

Grünkohl, gekocht 150 g	Kalorien	Grundnährstoffe
		KHn.v.
		KHv.
		Eiweiß
		Fett
	42 kcal	Wasser

Rotkohl, gekocht 150 g	Kalorien	Grundnährstoffe
		KHn.v.
		KHv.
		Eiweiß
		Fett
	32 kcal	Wasser

Rosenkohl, gekocht 150 g	Kalorien	Grundnährstoffe
		KHn.v.
		KHv.
		Eiweiß
		Fett
	57 kcal	Wasser

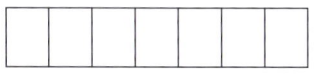
40

(g)	%	Vitamine		Mineralstoffe		Beurteilung
4,5 g	___	A	👁	K	❤❤	
0 g	___	B		Ca		
6,8 g	___			Fe		
1,2 g	___	C		Mg		Na
131,7 g	___	E		F		

(g)	%	Vitamine		Mineralstoffe		Beurteilung
3,8 g	___	A	★	K	❤❤	
4,8 g	___	B		Ca		
2,3 g	___			Fe		
0,3 g	___	C		Mg		Na
139,5 g	___	E		F		

(g)	%	Vitamine		Mineralstoffe		Beurteilung
6,6 g	___	A		K	❤❤❤	
5,7 g	___	B		Ca		
7,4 g	___			Fe		
0,5 g	___	C		Mg		Na
130,5 g	___	E		F		

Nenne das Produkt mit sehr viel Natrium.
Man sollte es deshalb nicht oft essen.

Champignons, frisch 150 g	Kalorien	Grundnährstoffe
		KHn.v. ▪▪◆
		KHv. ◆
		Eiweiß ▪▪▪◆
		Fett ◆
	23 kcal	Wasser ▪▪▪▪◆

Champignons in Dosen 150 g	Kalorien	Grundnährstoffe
		KHn.v. ▪◆
		KHv. ◆
		Eiweiß ▪▪◆
		Fett ◆
	18 kcal	Wasser ▪▪▪▪▪

Mais in Dosen 50 g	Kalorien	Grundnährstoffe
		KHn.v. ▪
		KHv. ▪◆
		Eiweiß ▪◆
		Fett ◆
	55 kcal	Wasser ▪▪▪◆◆

41   42 43

(g)	%	Vitamine		Mineralstoffe		Beurteilung
2,8 g	___	A	⋆	K	♥♥❤	
0,9 g	___	B		Ca		
4,1 g	___			Fe	●	
0,5 g	___	C		Mg		Na
140,4 g	___	E		F		

(g)	%	Vitamine		Mineralstoffe		Beurteilung
10,5 g	___	A		K	♥❤	
0,9 g	___	B		Ca		
3,6 g	___			Fe	●	
0,5 g	___	C	⋆	Mg		Na
141,0 g	___	E		F		☹ Umweltbelastung

(g)	%	Vitamine		Mineralstoffe		Beurteilung
1,0 g	___	A		K	♥	
10,5 g	___	B		Ca		
1,6 g	___			Fe		
0,8 g	___	C		Mg		Na
36,5 g	___	E	⋆	F		☹ Umweltbelastung

Möhren enthalten sehr viel Provitamin A. Deshalb sind sie gut für die Haut und die Augen. Nenne die Vitamine, die nur in geringen Mengen in Möhren enthalten sind.

Erbsen, frisch, gekocht 100 g	Kalorien	Grundnährstoffe
		KHn.v.
		KHv.
		Eiweiß
		Fett
	68 kcal	Wasser

Bohnen, frisch, gekocht 200 g	Kalorien	Grundnährstoffe
		KHn.v.
		KHv.
		Eiweiß
		Fett
	54 kcal	Wasser

Möhren, roh 200 g	Kalorien	Grundnährstoffe
		KHn.v.
		KHv.
		Eiweiß
		Fett
	54 kcal	Wasser

Salate und Rohkost siehe Abendessen!

													44

(g)	%	Vitamine		Mineralstoffe		Beurteilung
4,1 g	___	A	👁	K	❤	⚠
10,4 g	___	B	✦	Ca	🦴	
5,4 g	___			Fe	●	
		C				Na
0,5 g	___			Mg		
81,5 g	___	E		F		

(g)	%	Vitamine		Mineralstoffe		Beurteilung
6,0 g	___	A	👁	K	❤❤	
0 g	___	B	✦	Ca	🦴🦴	◆
3,2 g	___			Fe	●	
0,6 g	___	C		Mg		
184,8 g	___	E		F		

(g)	%	Vitamine		Mineralstoffe		Beurteilung
6,8 g	___	A	👁👁👁	K	❤❤❤	
10,4 g	___	B	✦	Ca	🦴🦴	⬆
2,2 g	___			Fe	●●●	
0,4 g	___	C		Mg	💪	Na
176,4 g	___	E		F	🦷	

Bei der Herstellung von Konserven gehen oftmals viele Vitamine verloren.
Vergleiche die Vorseite mit dieser Seite und nenne das Produkt, bei dem der Verlust am stärksten auffällt.

Erbsen in Dosen 100 g	Kalorien	Grundnährstoffe
		KHn.v. ▪▪
		KHv. ▪▪▪◆
		Eiweiß ▪▪◆
		Fett ◆
	56 kcal	Wasser ▪▪▪▪▪◆

Bohnen in Dosen 200 g	Kalorien	Grundnährstoffe
		KHn.v. ▪▪
		KHv. ▪▪◆
		Eiweiß ▪▪◆
		Fett ◆
	46 kcal	Wasser ▪▪▪▪▪◆

Möhren in Dosen 200 g	Kalorien	Grundnährstoffe
		KHn.v. ▪▪
		KHv. ▪▪◆
		Eiweiß ▪◆
		Fett ◆
	60 kcal	Wasser ▪▪▪▪▪◆◆

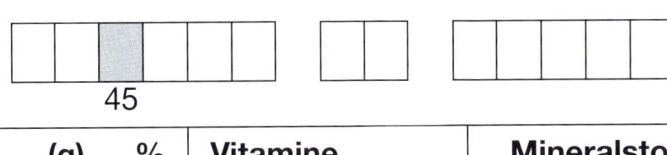

45

(g)	%	Vitamine	Mineralstoffe	Beurteilung
4,0 g	___	A 👁	K ❤️	
9,4 g	___	B ✶	Ca 🦴	
3,6 g	___		Fe 🔴	
0,4 g	___	C 🧤	Mg 💪	Na ⚠️
84,2 g	___	E	F	☹ Umweltbelastung

(g)	%	Vitamine	Mineralstoffe	Beurteilung
2,0 g	___	A 👁	K ❤️❤️	
7,8 g	___	B 🐤	Ca 🦴🦴	
2,4 g	___		Fe 🔴🔴	
0,2 g	___	C 🧤	Mg 💪💪	Na ◆
185,6 g	___	E ✶	F	☹ Umweltbelastung

(g)	%	Vitamine	Mineralstoffe	Beurteilung
6,0 g	___	A	K ❤️❤️	
7,2 g	___	B ✶	Ca 🦴	
1,2 g	___		Fe 🔴	
0,6 g	___	C 🧤	Mg	Na ◆
182,8 g	___	E	F 🦷	☹ Umweltbelastung

Nenne das Vitamin, von dem in allen drei Produkten sehr viel enthalten ist.

Blumenkohl, gekocht 200 g	Kalorien	Grundnährstoffe
		KHn.v. ■♦
		KHv. ▪▪
		Eiweiß ▪▪♦
		Fett ♦
	46 kcal	Wasser

Broccoli, gekocht 150 g	Kalorien	Grundnährstoffe
		KHn.v. ▪▪♦
		KHv. ▪▪♦
		Eiweiß ■♦
		Fett ♦
	36 kcal	Wasser

Kohlrabi, roh 250 g	Kalorien	Grundnährstoffe
		KHn.v. ▪▪♦
		KHv. ■♦
		Eiweiß ■
		Fett ♦
	63 kcal	Wasser

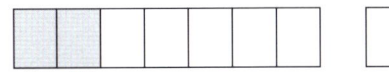

46 47

(g)	%	Vitamine	Mineralstoffe	Beurteilung
5,8 g	___	A 🐟	K ❤❤	
4,0 g	___	B ✨	Ca 🦴	
4,2 g	___		Fe 🔴	Na
0,4 g	___	C 🌸🌸	Mg	
186,0 g	___	E	F	

(g)	%	Vitamine	Mineralstoffe	Beurteilung
4,5 g	___	A 🐟	K ❤❤❤	
4,2 g	___	B ✨	Ca 🦴🦴🦴	
5,2 g	___		Fe 🔴	Na
0,3 g	___	C 🌸🌸🌸	Mg 💪	
134,1 g	___	E 💧	F 🦷	

(g)	%	Vitamine	Mineralstoffe	Beurteilung
3,5 g	___	A ★	K ❤❤❤❤	
10,2 g	___	B ✨	Ca 🦴🦴🦴	
5,0 g	___		Fe 🔴🔴	Na
0,3 g	___	C 🌸🌸🌸	Mg 💪💪	
225,8 g	___	E	F	

Nenne das Produkt mit dem höchsten Wasseranteil.

Spargel, gekocht 300 g	Kalorien	Grundnährstoffe
		KHn.v.
		KHv.
		Eiweiß
		Fett
	51 kcal	Wasser

Spinat, gekocht 150 g	Kalorien	Grundnährstoffe
		KHn.v.
		KHv.
		Eiweiß
		Fett
	23 kcal	Wasser

Schwarzwurzeln 150 g	Kalorien	Grundnährstoffe
		KHn.v.
		KHv.
		Eiweiß
		Fett
	21 kcal	Wasser

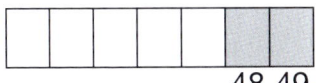
48 49

(g)	%	Vitamine	Mineralstoffe	Beurteilung
4,5 g	___	A	K	
6,6 g	___	B	Ca	
5,7 g	___		Fe	Na
0,3 g	___	C	Mg	
280,5 g	___	E	F	

(g)	%	Vitamine	Mineralstoffe	Beurteilung
2,7 g	___	A	K	
0,9 g	___	B	Ca	
3,8 g	___		Fe	Na
0,5 g	___	C	Mg	
139,1 g	___	E	F	

(g)	%	Vitamine	Mineralstoffe	Beurteilung
23,8 g	___	A	K	
2,3 g	___	B	Ca	
2,1 g	___		Fe	Na
0,6 g	___	C	Mg	
130,5 g	___	E	F	

Nenne das Produkt mit den
wenigsten Kalorien.

Knollensellerie, roh 50 g	Kalorien	Grundnährstoffe
		KHn.v.
		KHv.
		Eiweiß
		Fett
	11 kcal	Wasser

Porree, roh 100 g	Kalorien	Grundnährstoffe
		KHn.v.
		KHv.
		Eiweiß
		Fett
	24 kcal	Wasser

Zwiebel, roh 45 g	Kalorien	Grundnährstoffe
		KHn.v.
		KHv.
		Eiweiß
		Fett
	15 kcal	Wasser

144

50

(g)	%	Vitamine		Mineralstoffe		Beurteilung
2,1 g	___	A ★		K ♥		
1,2 g	___	B ★		Ca		
0,9 g	___			Fe ★		Na
0,2 g	___	C		Mg		
44,0 g	___	E		F ★		

(g)	%	Vitamine		Mineralstoffe		Beurteilung
2,0 g	___	A		K ♥♥		
3,4 g	___	B		Ca		
1,8 g	___			Fe		Na
0 g	___	C		Mg		
91,7 g	___	E		F ★		

(g)	%	Vitamine		Mineralstoffe		Beurteilung
1,4 g	___	A ★		K ♥		
2,8 g	___	B ★		Ca		
0,6 g	___			Fe ★		Na
0,6 g	___	C		Mg		
39,6 g	___	E ★		F		

145

Kräuter haben schon in geringen Mengen sehr viele Vitamine und Mineralstoffe.
Man sollte sie deshalb sehr oft essen.
Nenne das Produkt mit den meisten Buchstaben.

Kresse, frisch 2 g	Kalorien	Grundnährstoffe
		KHn.v. ◆
		KHv. ◆
		Eiweiß
		Fett
	1 kcal	Wasser ▪◆

Petersillie, frisch 2 g	Kalorien	Grundnährstoffe
		KHn.v. ◆
		KHv. ◆
		Eiweiß ◆
		Fett
	1 kcal	Wasser ▪◆

Schnittlauch, frisch 2 g	Kalorien	Grundnährstoffe
		KHn.v. ◆
		KHv. ◆
		Eiweiß ◆
		Fett
	1 kcal	Wasser ▪◆

146

<table>
<tr><td></td><td></td><td></td><td></td><td></td><td></td><td></td><td></td><td></td><td></td></tr>
</table>

51 52   53 54 55

(g)	%	Vitamine	Mineralstoffe	Beurteilung
0,1 g	___	A ⋆	K ⋆	
0,1 g	___	B ⋆	Ca ⌒	
0 g	___		Fe ⋆	Na
0 g	___	C ⋆	Mg ⋆	
1,9 g	___	E	F	

(g)	%	Vitamine	Mineralstoffe	Beurteilung
0,1 g	___	A ◁	K ❤	
0,1 g	___	B ⋆	Ca ⌒	
0,1 g	___		Fe ⋆	Na
0 g	___	C ✿	Mg ⋆	
1,6 g	___	E	F ⋆	

(g)	%	Vitamine	Mineralstoffe	Beurteilung
0,1 g	___	A ⋆	K ⋆	
0,1 g	___	B ⋆	Ca ⌒	
0,1 g	___		Fe ⋆	Na
0 g	___	C ⋆	Mg ⋆	
1,7 g	___	E	F	

Hülsenfrüchte haben einen hohen
Eiweißanteil.
Sie sind reich an Ballaststoffen und
Mineralstoffen.
Nenne das Produkt mit dem meisten
Magnesium.

Bohnen, getrocknet 60 g	Kalorien	Grundnährstoffe
		KHn.v.
		KHv.
	187 kcal	Eiweiß
		Fett
		Wasser

Erbsen, getrocknet 60 g	Kalorien	Grundnährstoffe
		KHn.v.
		KHv.
		Eiweiß
	208 kcal	Fett
		Wasser

Linsen, getrocknet 60 g	Kalorien	Grundnährstoffe
		KHn.v.
		KHv.
		Eiweiß
	186 kcal	Fett
		Wasser

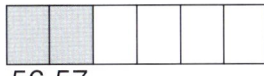

(g)	%	Vitamine	Mineralstoffe	Beurteilung
10,1 g	___	A	K ♥ ♥ ♥ ♥	
28,4 g	___	B	Ca	
12,4 g	___		Fe	
0,8 g	___	C	Mg	
7,9 g	___	E	F	

(g)	%	Vitamine	Mineralstoffe	Beurteilung
9,9 g	___	A ⋆	K ♥ ♥	
34,1 g	___	B	Ca	
13,8 g	___		Fe	
0,9 g	___	C ⋆	Mg	Na
6,3 g	___	E	F	

(g)	%	Vitamine	Mineralstoffe	Beurteilung
6,4 g	___	A ⋆	K ♥ ♥	
31,2 g	___	B	Ca	
14,1 g	___		Fe	
0,8 g	___	C	Mg	Na
7,1 g	___	E	F	

149

In Vollkornprodukten ist sehr viel Vitamin B.
Nenne das Produkt, in dem sehr viel davon vorhanden ist.

Graupen 60 g	Kalorien	Grundnährstoffe
		KHn.v.
		KHv.
		Eiweiß
		Fett
	181 kcal	Wasser

Reis, weiß 100 g	Kalorien	Grundnährstoffe
		KHn.v.
		KHv.
		Eiweiß
		Fett
	106 kcal	Wasser

Vollkornreis (Naturreis) 100 g	Kalorien	Grundnährstoffe
		KHn.v.
		KHv.
		Eiweiß
		Fett
	108 kcal	Wasser

(g)	%	Vitamine	Mineralstoffe		Beurteilung
2,8 g	___	A	K	♥	STOP
42,6 g	___	B ★	Ca		Na
6,2 g	___		Fe	●	
0,8 g	___	C	Mg		
7,3 g	___	E ★	F		☺ ballaststoffreich

(g)	%	Vitamine	Mineralstoffe		Beurteilung
0,3 g	___	A	K	♥	STOP
24,0 g	___	B ★	Ca		Na
2,0 g	___		Fe		
0,2 g	___	C	Mg		
73,0 g	___	E ★	F		

(g)	%	Vitamine	Mineralstoffe		Beurteilung
1,2 g	___	A	K	♥	STOP
21,8 g	___	B	Ca		Na
2,3 g	___		Fe		
0,6 g	___	C	Mg		
74,0 g	___	E	F		☺ ballaststoffreich

Scholle und Schellfisch sind See-wasserfische. Sie enthalten viel Jod und sollten wenigstens einmal in der Woche gegessen werden.
Sie haben auch viele Vitamine und Mineralstoffe.
Von welchen Vitaminen enthält die Scholle am meisten?

Forelle 150 g (200 g)	Kalorien	Grundnährstoffe
		KHn.v.
		KHv.
		Eiweiß
		Fett
	153 kcal	Wasser

Scholle 150 g (250 g)	Kalorien	Grundnährstoffe
		KHn.v.
		KHv.
		Eiweiß
		Fett
	114 kcal	Wasser

Schellfisch 250 g (300 g)	Kalorien	Grundnährstoffe
		KHn.v.
		KHv.
		Eiweiß
		Fett
	183 kcal	Wasser

(g)	%	Vitamine		Mineralstoffe		Beurteilung
0 g	___	A 🐟		K ♥♥♥		
0 g	___	B ✳		Ca 🦴		
29,3 g	___			Fe 🔴		Na ___ Cho
4,1 g	___	C		Mg 💪💪		
114,5 g	___	E		F 🦷		

(g)	%	Vitamine		Mineralstoffe		Beurteilung
0 g	___	A ✳		K ♥♥		
0 g	___	B ✳✳		Ca 🦴🦴		
25,7 g	___			Fe 🔴		Na ___ Cho
1,2 g	___	C ✳		Mg 💪		
121,1 g	___	E		F		🙂 sehr viel Jod essentielle Fettsäuren

(g)	%	Vitamine		Mineralstoffe		Beurteilung
0 g	___	A 🐟		K ♥♥♥		
0 g	___	B ✳		Ca 🦴		
44,8 g	___			Fe 🔴		Na ___ Cho
0,3 g	___	C		Mg 💪💪		
200 g	___	E		F 🦷🦷🦷🦷		🙂 sehr viel Jod essentielle Fettsäuren

153

Nenne das Produkt mit sehr hohem Fettanteil und vielen Kalorien. Man sollte es nur selten essen.

Seelachs 150 g	Kalorien	Grundnährstoffe
	120 kcal	KHn.v. KHv. Eiweiß Fett Wasser

Rotbarsch 150 g	Kalorien	Grundnährstoffe
	158 kcal	KHn.v. KHv. Eiweiß Fett Wasser

Schlemmerfilet 300 g	Kalorien	Grundnährstoffe
	480 kcal	KHn.v. KHv. Eiweiß Fett Wasser

(g)	%	Vitamine	Mineralstoffe	Beurteilung
0 g	___	A ★	K ♥♥❤	
0 g	___	B 🌟	Ca	
27,5 g	___	C	Fe ●	Na Cho
1,2 g	___		Mg	
120,3 g	___	E	F	☺ sehr viel Jod essentielle Fettsäuren

(g)	%	Vitamine	Mineralstoffe	Beurteilung
0 g	___	A ★	K ♥♥	
0 g	___	B 🌟	Ca	
27,3 g	___	C ★	Fe ●	Na Cho
5,4 g	___		Mg 💪💪	
115,4 g	___	E	F 🦷🦷🦷	☺ sehr viel Jod essentielle Fettsäuren

(g)	%	Vitamine	Mineralstoffe	Beurteilung
0,8 g	___	A	K ♥♥♥❤	
27,2 g	___	B 🌟🌟🌟	Ca	
43,5 g	___		Fe ●●	Na Cho
22,5 g	___	C	Mg 💪💪	
206 g	___	E	F 🦷🦷🦷🦷	

155

Diese Lebensmittel haben sehr viele Kalorien. Sie sollten selten gegessen werden.
Nenne den Mineralstoff, der in allen drei Produkten in gleicher Menge vorhanden ist.

Fischstäbchen 150 g	Kalorien	Grundnährstoffe
	 255 kcal	KHn.v. KHv. Eiweiß Fett Wasser 

Fischfrikadelle 70 g	Kalorien	Grundnährstoffe
	 148 kcal	KHn.v. KHv. Eiweiß Fett Wasser 

Schweinebraten m. Soße 200 g	Kalorien	Grundnährstoffe
	 588 kcal	KHn.v. KHv. Eiweiß Fett Wasser 

62

(g)	%	Vitamine		Mineralstoffe		Beurteilung
0 g	—	A	⋆	K	♥ ♥	STOP
29,7 g	—	B		Ca		
19,2 g	—			Fe	●	Na Cho
6,6 g	—	C		Mg		
94,5 g	—	E		F		

(g)	%	Vitamine		Mineralstoffe		Beurteilung
0 g	—	A		K	♥	STOP
5,9 g	—	B		Ca		
8,5 g	—			Fe	◖	Na Cho
9,0 g	—	C		Mg		
44,9 g	—	E		F		

(g)	%	Vitamine		Mineralstoffe		Beurteilung
0,6 g	—	A		K	♥ ♥	STOP
2,9 g	—	B		Ca		
23,0 g	—			Fe	●	Na Cho
50,4 g	—	C	⋆	Mg		
120,4 g	—	E		F		

157

Diese Lebensmittel sind sehr fett-
reich und haben viele Kalorien.
Nenne den Grundnährstoff, der in
ihnen nicht enthalten ist.

Bratwurst (Schwein) 120 g	Kalorien	Grundnährstoffe
		KHn.v. KHv. Eiweiß Fett Wasser
	410 kcal	

Bockwurst 100 g	Kalorien	Grundnährstoffe
		KHn.v. KHv. Eiweiß Fett Wasser
	304 kcal	

Leberkäse 135 g	Kalorien	Grundnährstoffe
		KHn.v. KHv. Eiweiß Fett Wasser
	432 kcal	

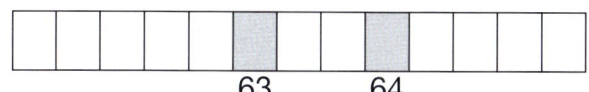

			63		64				

(g)	%	Vitamine	Mineralstoffe	Beurteilung
0 g	——	A	K ♥	STOP
0 g	——	B ✶	Ca ⌒	
15,2 g	——	C	Fe ●	
38,9 g	——		Mg 💪	Na Cho
63,2 g	——	E	F	

(g)	%	Vitamine	Mineralstoffe	Beurteilung
0 g	——	A ✶	K ♥♥	STOP
0 g	——	B ✶ ✶	Ca ⌒	
12,3 g	——	C	Fe ●	
25,3 g	——		Mg 💪	Na Cho
59,1 g	——	E ✶	F 🦷	

(g)	%	Vitamine	Mineralstoffe	Beurteilung
0 g	——	A	K ♥♥	STOP
0 g	——	B ✶	Ca ⌒	
15,5 g	——	C	Fe ●●	
41,1 g	——		Mg 💪	Na Cho
73,4 g	——	E	F	

Kasseler ist gepökeltes Fleisch.
Es enthält sehr viel Natrium.
Man sollte gepökelte Lebensmittel
nicht zu oft essen.
Nenne das Produkt mit dem meisten
Kalium.

Schweinekotelett 150 g	Kalorien	Grundnährstoffe
		KHn.v.
		KHv.
		Eiweiß
		Fett
	290 kcal	Wasser

Kasseler 200 g	Kalorien	Grundnährstoffe
		KHn.v.
		KHv.
		Eiweiß
		Fett
	474 kcal	Wasser

Schweinegulasch 200 g	Kalorien	Grundnährstoffe
		KHn.v.
		KHv.
		Eiweiß
		Fett
	312 kcal	Wasser

			65	

(g)	%	Vitamine	Mineralstoffe	Beurteilung
0 g	—	A	K ♥♥	
0 g	—	B ✦✦✦✦	Ca	
28,5 g	—		Fe ●●	Na Cho
19,5 g	—	C	Mg	
100,4 g	—	E	F	

(g)	%	Vitamine	Mineralstoffe	Beurteilung
0 g	—	A ●	K ♥♥♥	
0 g	—	B ✦✦✦	Ca	
41,8 g	—		Fe ●●●	Na Cho
34,0 g	—	C ★	Mg	
117,4 g	—	E ★	F	

(g)	%	Vitamine	Mineralstoffe	Beurteilung
0 g	—	A	K ♥♥♥	
0 g	—	B ✦✦✦✦	Ca	
41,6 g	—		Fe ●●●	Na Cho
16,2 g	—	C	Mg	
140,2 g	—	E	F	

Nenne das Produkt mit dem meisten Cholesterin.

Schweineschnitzel 200 g	Kalorien	Grundnährstoffe
		KHn.v.
		KHv.
		Eiweiß
		Fett
	312 kcal	Wasser

Putenschnitzel 120 g	Kalorien	Grundnährstoffe
		KHn.v.
		KHv.
		Eiweiß
		Fett
	126 kcal	Wasser

Hähnchenkeule 168 g	Kalorien	Grundnährstoffe
		KHn.v.
		KHv.
		Eiweiß
		Fett
	185 kcal	Wasser

66

(g)	%	Vitamine	Mineralstoffe	Beurteilung
0 g	—	A	K ♥♥♥	
0 g	—	B ✦✦✦✦	Ca	
41,6 g	—		Fe ●●◖	Na ⬛ Cho ⬛
16,2 g	—	C	Mg	
140,2 g	—	E	F	

(g)	%	Vitamine	Mineralstoffe	Beurteilung
0 g	—	A	K ♥♥	
0 g	—	B ✦✦✦✦	Ca	
28,9 g	—		Fe ●	Na
1,2 g	—	C	Mg 💪	
88,4 g	—	E	F	

(g)	%	Vitamine	Mineralstoffe	Beurteilung
0 g	—	A	K	
0 g	—	B ✦✦✦✦	Ca	STOP
34,6 g	—		Fe	Na
5,2 g	—	C	Mg	
125,5 g	—	E	F	

163

In Innereien, z. B. Leber, sind sehr viele Vitamine und Mineralstoffe, aber auch Schadstoffe. Deshalb sollte man sie nicht oft essen. Nenne die Vitamine, die in großer Menge in der Leber enthalten sind.

Rinderfilet 120 g	Kalorien	Grundnährstoffe
	139 kcal	KHn.v. KHv. Eiweiß Fett Wasser

Rinderleber 60 g	Kalorien	Grundnährstoffe
	68 kcal	KHn.v. KHv. Eiweiß Fett Wasser

Hackfleisch halb & halb 100 g	Kalorien	Grundnährstoffe
	260 kcal	KHn.v. KHv. Eiweiß Fett Wasser

				67										

(g)	%	Vitamine		Mineralstoffe		Beurteilung
0 g	___	A		K ♥ ♥		
0 g	___	B		Ca		
23,1 g	___	C		Fe ● ●		Na Cho
5,3 g	___			Mg		
90,1 g	___	E		F		

(g)	%	Vitamine		Mineralstoffe		Beurteilung
0 g	___	A		K ♥		
1,1 g	___	B		Ca		
11,8 g	___	C		Fe ● ●		Na Cho
1,9 g	___			Mg		
41,9 g	___	E		F		

(g)	%	Vitamine		Mineralstoffe		Beurteilung
0 g	___	A ★		K ♥ ♥		
0 g	___	B		Ca		STOP
20,0 g	___	C		Fe ● ●		Na Cho
20,0 g	___			Mg		
53,1 g	___	E		F		

Diese Produkte haben einen hohen Kohlenhydratanteil, denn sie enthalten viel Zucker.
Sie sind deshalb …

Götterspeise 75 g	Kalorien	Grundnährstoffe
	108 kcal	KHn.v. ■:◆ KHv. ■■◆ Eiweiß :◆ Fett :◆ Wasser ■■■◆

Vanillecreme 75 g	Kalorien	Grundnährstoffe
	104 kcal	KHn.v. KHv. ■::◆ Eiweiß :◆ Fett ::◆ Wasser ■::

Schokoladencreme 75 g	Kalorien	Grundnährstoffe
	108 kcal	KHn.v. KHv. ■::◆ Eiweiß :◆ Fett ::◆ Wasser ■:◆

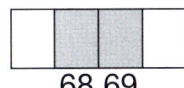
68 69

(g)	%	Vitamine	Mineralstoffe	Beurteilung
7,9 g	___	A	K ♥ ♥	
15,7 g	___	B ★	Ca	
2,3 g	___	C	Fe ●	Na Cho
2,8 g	___		Mg	
45,5 g	___	E	F	☹ Umweltbelastung

(g)	%	Vitamine	Mineralstoffe	Beurteilung
0 g	___	A ★	K ♥	
14,6 g	___	B ★	Ca	STOP
2,3 g	___	C ★	Fe ★	Na Cho
4,1 g	___		Mg ★	
54,0 g	___	E ★	F ★	☹ Umweltbelastung

(g)	%	Vitamine	Mineralstoffe	Beurteilung
0 g	___	A	K ♥	
14,6 g	___	B ★	Ca	STOP
2,3 g	___	C ★	Fe ●	Na
4,5 g	___		Mg	
53,6 g	___	E ★	F	☹ Umweltbelastung

167

Kuchen am Nachmittag?

Der kleine Conni ist stolz auf seinen besonders gut gelungenen Marmorkuchen. Fröhlich stellt er ihn auf den gedeckten Tisch im Wohnzimmer und geht zurück in die Küche, um Tee zu kochen und Sahne zu schlagen. Der faule Anton ist inzwischen von dem Kuchenduft aufgewacht. Er geht dem verführerischen Duft nach. Voller Entzücken entdeckt er den Kuchen auf dem Wohnzimmertisch. Das Wasser läuft ihm im Munde zusammen. Er nimmt den Kuchen und verschwindet damit in seinem Zimmer. Hastig ißt er ein Stück nach dem anderen, bis er beim besten Willen nicht mehr kann. Vom Essen erschöpft, fallen ihm die Augen zu. Er träumt von der Sahne, auf die er leider verzichten mußte, da sie noch nicht auf dem Tisch stand. Im Wohnzimmer haben sich inzwischen die anderen Mainzelmännchen eingefunden. Sie warten am schön gedeckten Tisch auf Conni und den versprochenen Kuchen. Conni kommt mit Milch, Tee und Sahne aus der Küche. Noch hat er nichts bemerkt. Er schenkt allen das gewünschte Getränk ein. Fritzchen sagt zu ihm: „Wenn du uns jetzt noch deinen tollen Kuchen servieren könntest, dann wären wir rundum zufrieden." Conni schaut verständnislos auf den Tisch. Vom Kuchen keine Spur. „Der war doch eben noch da!", ruft er. Alle schauen sich an und rufen wie aus einem Munde: „ANTON!" Sofort rennen sie aufgeregt in Antons Zimmer. Dort bietet sich ihnen ein trostloses Bild. Anton liegt in der Ecke und schläft. Am Boden liegen lauter Kuchenkrümel, und auf dem Tisch steht der letzte Rest eines schönen Kuchens. Conni fängt vor Wut an zu weinen und will auf Anton losgehen. Stattdessen beruhigt ihn Det: „Sei nicht traurig, wir werden schon eine Lösung finden." Anton wird durch den Lärm wach. Man beschließt einstimmig, daß er zur Strafe eine Woche alleine das Geschirr abwaschen muß.

Det und Edi begeben sich in die Küche. Sie nehmen das Rezept noch einmal aus der Schublade. Det macht einen Verbesserungsvorschlag: „Die Hälfte des Weizenmehls ersetzen wir durch Weizenvollkornmehl. Das enthält Ballaststoffe, und der Kuchen macht dadurch

schneller satt. Außerdem ist in dem Rezept sehr viel Zucker angegeben. Der Kuchen schmeckt dann viel zu süß. Weil Süßes dick macht,
sollte man nicht zuviel davon essen. Wir nehmen deshalb nur zwei
Drittel des angegebenen Zuckers. Dann ist der Kuchen immer noch
süß genug. Für Anton wäre das bestimmt gut. Die angegebene
Menge Fett müssen wir leider nehmen. Anders geht es nicht.
Genauso wie Fleisch, Wurst und Käse enthält Kuchen sehr viel
verstecktes Fett. Darum sollte man nicht soviel davon essen."
Edi findet die Verbesserungsvorschläge gut und macht sich an die
Arbeit. Besonders in dem Schokoladenteig macht sich das Vollkornmehl gut, und süß genug ist der Teig auch, findet Edi. Er hat natürlich wie üblich genascht. Erwartungsvoll nimmt er den Kuchen aus
dem Backofen und stürzt ihn auf ein Tortenblech. Wieder duftet die
Wohnung nach Kuchen, und die Mainzelmännchen können kaum
abwarten, bis der Kuchen abgekühlt ist. Nur Anton kann das nicht
mehr reizen. Er sitzt mit Bauchschmerzen im Bett. Nie wieder wird er
soviel Kuchen auf einmal essen! Det hat ihm beigebracht, daß es als
Zwischenmahlzeit am Nachmittag auch Obst oder ein Vollkornbrot
mit Kräuterquark sein kann. Natürlich wird er hin und wieder auch
Kuchen oder Kekse essen; dann aber wenig und mit Vollkornmehl.

Nach einer Idee von: Christoph Dierks
Sebastian Janke
Sven Little

Backe zu Hause deinen Lieblingskuchen.
Ersetze dabei die Hälfte des Weizenmehls
durch Weizenvollkornmehl. Nimm nur
zwei Drittel oder die Hälfte der angegebenen Zuckermenge. Überzeuge dich und
deine Eltern davon, daß dieser Kuchen
besser schmeckt und gesünder ist.

Nenne das Produkt mit dem meisten Fett und den meisten Kalorien.

Marmorkuchen 50 g	Kalorien	Grundnährstoffe
		KHn.v.
		KHv.
		Eiweiß
	191 kcal	Fett
		Wasser

Obstkuchen 120 g	Kalorien	Grundnährstoffe
		KHn.v.
		KHv.
		Eiweiß
		Fett
	268 kcal	Wasser

Sahnetorte 120 g	Kalorien	Grundnährstoffe
		KHn.v.
		KHv.
		Eiweiß
		Fett
	438 kcal	Wasser

				70				

(g)	%	Vitamine	Mineralstoffe	Beurteilung
0 g	___	A	K	
26,0 g	___	B ⋆	Ca	STOP
2,6 g	___		Fe	
8,0 g	___	C	Mg	Na Cho
13,5 g	___	E	F	

(g)	%	Vitamine	Mineralstoffe	Beurteilung
3,6 g	___	A	K	
44,4 g	___	B ⋆	Ca	STOP
3,6 g	___		Fe	
8,4 g	___	C ⋆	Mg	Na Cho
60,0 g	___	E	F	

(g)	%	Vitamine	Mineralstoffe	Beurteilung
0 g	___	A	K	
36,0 g	___	B	Ca	STOP
6,0 g	___		Fe	
30,0 g	___	C ⋆	Mg	Na Cho
48,0 g	___	E	F	

Nenne das Produkt mit den meisten Mineralstoffen.

Apfelstrudel 180 g	Kalorien	Grundnährstoffe
		KHn.v.
		KHv.
		Eiweiß
		Fett
	414 kcal	Wasser

Schweineöhrchen 80 g	Kalorien	Grundnährstoffe
		KHn.v.
		KHv.
		Eiweiß
		Fett
	323 kcal	Wasser

Nußgebäck 60 g	Kalorien	Grundnährstoffe
		KHn.v.
		KHv.
		Eiweiß
		Fett
	307 kcal	Wasser

71 72 73

(g)	%	Vitamine	Mineralstoffe	Beurteilung
0 g	___	A	K	
50,4 g	___	B *	Ca	
5,4 g	___	C	Fe	
21,6 g	___		Mg	Na Cho
102,6 g	___	E	F	

(g)	%	Vitamine	Mineralstoffe	Beurteilung
0 g	___	A	K	
23,0 g	___	B	Ca	
6,1 g	___	C	Fe	
18,0 g	___		Mg	Na Cho
23,7 g	___	E	F	

(g)	%	Vitamine	Mineralstoffe	Beurteilung
2,4 g	___	A	K	
32,4 g	___	B *	Ca	
6,6 g	___	C *	Fe	
16,8 g	___		Mg	Na Cho
4,2 g	___	E	F	

173

Nenne das Produkt mit den meisten Kalorien.

Butterkeks 12 g	Kalorien	Grundnährstoffe		
		KHn.v.	◆	
		KHv.	■ ⠿	
		Eiweiß	▪	
		Fett	▪◆	
	51 kcal	Wasser	◆	

Vollkornkeks 12 g	Kalorien	Grundnährstoffe		
		KHn.v.	▪	
		KHv.	■◆	
		Eiweiß	■◆	
		Fett	▪◆	
	52 kcal	Wasser	▪◆	

Schokoladenkeks 28 g	Kalorien	Grundnährstoffe		
		KHn.v.	◆	
		KHv.	■ ■ ⠿ ◆	
		Eiweiß	■◆	
		Fett	■◆	
	127 kcal	Wasser	⠿◆	

								75	74					

(g)	%	Vitamine	Mineralstoffe	Beurteilung
0,4 g ___		A ⋆	K ❤	STOP
9,0 g ___		B ⋆	Ca	
1,0 g ___		C	Fe ⋆	
1,2 g ___			Mg ⋆	Na Cho
0,5 g ___		E	F ⋆	

(g)	%	Vitamine	Mineralstoffe	Beurteilung
1,0 g ___		A ⋆	K ❤	STOP
5,3 g ___		B	Ca	
1,3 g ___		C	Fe ⋆	Na Cho
2,6 g ___			Mg	
1,7 g ___		E	F ⋆	☺ Ballaststoffe

(g)	%	Vitamine	Mineralstoffe	Beurteilung
0,7 g ___		A ⋆	K ❤	STOP
17,3 g ___		B ⋆	Ca	
1,9 g ___		C ⋆	Fe ⋆	Na Cho
5,4 g ___			Mg	
2,2 g ___		E	F	

In den Waffeln aus Vollkornmehl sind die meisten Ballaststoffe. Zu welchen Grundnährstoffen werden sie gerechnet?

Waffeln (Weißmehl) 65 g	Kalorien	Grundnährstoffe
		KHn.v. ◆
		KHv. ■■▪∷◆
		Eiweiß ▪∷◆
		Fett ■■▪∷◆
	271 kcal	Wasser ■▪∷◆

Waffeln (Vollkornmehl) 65 g	Kalorien	Grundnährstoffe
		KHn.v. ▪◆
		KHv. ■◆
		Eiweiß ▪∷◆
		Fett ■■▪∷◆
	282 kcal	Wasser ■▪∷◆

Sahne 30 % 4 g	Kalorien	Grundnährstoffe
		KHn.v.
		KHv. ◆
		Eiweiß ◆
		Fett ▪◆
	12 kcal	Wasser ▪◆

						76				

(g)	%	Vitamine	Mineralstoffe	Beurteilung
0,3 g	___	A	K	
19,4 g	___	B	Ca	**STOP**
2,7 g	___		Fe	
19,2 g	___	C	Mg	Na Cho
23,1 g	___	E	F	

(g)	%	Vitamine	Mineralstoffe	Beurteilung
1,8 g	___	A	K	
10,6 g	___	B	Ca	**STOP**
2,7 g	___		Fe	
19,2 g	___	C	Mg	Na Cho
23,1 g	___	E	F	☺ Ballaststoffe

(g)	%	Vitamine	Mineralstoffe	Beurteilung
0 g	___	A	K	
0,1 g	___	B	Ca	**STOP**
0,1 g	___		Fe	
1,2 g	___	C	Mg	Na Cho
2,5 g	___	E	F	

Abendessen

Edi, der Küchenchef, hat wie jeden Abend auch heute wieder viel Arbeit. Anton hat Pizza bestellt. Die ißt er abends immer. Für ihn muß viel Salami und Käse drauf sein. Das mag er besonders gerne. Ein paar Champignons dürfen auch darauf liegen. Die anderen Mainzelmännchen haben wie so oft Hamburger bestellt. Entsetzt stellt Edi fest, daß er keine Hamburger-Brötchen mehr hat. Es ist auch nur noch wenig Käse da, weil schon so viel davon auf Antons Pizza im Backofen zerfließt. Edi läuft ins Wohnzimmer, um mit den anderen zu sprechen. Der schlaue Det weiß Rat: „Wir haben von heute morgen noch Vollkornbrötchen. Die belegen wir mit dem Rest Käse und mit magerem Schinken. Darunter kommt ein Blatt Salat. Das sieht schön aus, und man kann auf Butter verzichten, weil der Salat saftig ist. Auf den Schinken und den Käse kommen noch mehr Vitamine. Schnittlauch, Radieschen und roter Paprika sehen darauf besonders gut aus. Wer dann noch nicht satt ist, bekommt noch ein wenig Bratkartoffeln mit Ei, denn vom Mittagessen sind Kartoffeln übrig geblieben." Edi und Det machen sich an die Arbeit, und schnell ist das Essen fertig. Alle stürzen in die Küche, nur Anton braucht lange, bis er sich von der Couch vor dem Fernseher erhoben hat. Heute ist er nicht nur träge, sondern auch besonders schlecht gelaunt. Mürrisch stopft er die fette Pizza in sich hinein. Die anderen sind begeistert von der 'neuen Art von Hamburgern.' Sie schmecken viel knackiger und frischer als die üblichen weichen Dinger. „Das war eine tolle Idee", sagen sie fröhlich. Nur das sportliche Fritzchen hat anschließend noch Hunger, da er heute viel trainiert hat. Er ißt noch Bratkartoffeln mit Spiegelei. Das schmeckt ihm inzwischen auch besser als 'Pommes rot/weiß.'

Anton wirft sich wieder auf die Couch und schaut Fernsehen. „Was ist eigentlich mit dir los?" fragt ihn Berti. „Ist dir eine Laus über die Leber gelaufen?" Anton antwortet: „Ach, alle in der Schule ärgern und hänseln mich, weil ich so dick bin. Sie nennen mich 'Rollmops' und 'Bowlingkugel' und wollen nicht mit mir zusammen sein." Die

anderen haben kein Mitleid mit ihm: „Du ißt ja auch immer nur Süßes und Fettes, wie die Pizza, die du jeden Abend haben willst. Iß doch einmal etwas anderes, zum Beispiel die leckeren Vollkornbrötchen heute!" Anton mault: „Aber ich mag doch so gerne Pizza!" Det antwortet: „Die kannst du ja auch noch essen, aber nicht jeden Abend, sondern nur noch einmal in der Woche. Außerdem muß es nicht gleich eine ganze Pizza sein. Eine halbe tut es vielleicht auch. Und mit etwas weniger fetter Salami und fettem Käse schmeckt sie sicherlich noch besser." Fritzchen hat einen weiteren Rat parat: „Du solltest auch 'mal etwas Sport treiben. Du hängst ja immer nur vor der Glotze!"
Der unglückliche Anton will es ab morgen versuchen.

Er fährt nun jeden Tag mit dem Fahrrad zur Schule und nicht mehr mit dem Bus. Außerdem ißt er nicht mehr soviel Süßes, und auf das Fett achtet er auch. Während des Fernsehens macht er Kniebeugen, und Pizza ißt er nur noch einmal in der Woche. Er ist froh, daß Det gesagt hat: „Alles ist erlaubt. Du mußt nicht nach einer bestimmten Diät abnehmen, bei der dir genau vorgeschrieben wird, welche Lebensmittel du an einem Tag essen darfst. Du kannst das essen, worauf du gerade Hunger hast. So darf es auch einmal die Pizza sein, ein anderes Mal ein Stück Kuchen. Du mußt nur darauf achten, daß du alle wichtigen Nährstoffe erhältst und nicht zu viele Kalorien zu dir nimmst." Er merkt schon, daß er abgenommen hat. Seine Hosen werden weiter, und er kann sich im Sportunterricht besser bewegen. Die Mitschüler wollen ihn sogar in ihrer Mannschaft haben, und auch sonst reden sie wieder mit ihm. Keiner sagt mehr 'Rollmops' oder 'Bowlingkugel' zu ihm. Anton ist überglücklich. Nie wieder wird er sich so ungesund ernähren und so träge sein.

Nach einer Idee von: Nadja Erdt, Anna-Theresa Kalbhenn,
Anika Tegtmeyer und Kadriye Yumusak

Schreibe eine andere Geschichte über
den faulen Anton mit dem Titel:
'Anton lernt es nie: Er bleibt faul und
ernährt sich weiterhin ungesund.'

Nenne das Produkt mit den meisten Kohlenhydraten.

Pizza 300 g	Kalorien	Grundnährstoffe
	648 kcal	KHn.v. KHv. Eiweiß Fett Wasser

Hamburger 150 g	Kalorien	Grundnährstoffe
	383 kcal	KHn.v. KHv. Eiweiß Fett Wasser

Bratkartoffeln 100 g	Kalorien	Grundnährstoffe
	196 kcal	KHn.v. KHv. Eiweiß Fett Wasser

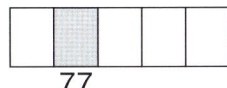

77

(g)	%	Vitamine	Mineralstoffe	Beurteilung
0 g	___	A 👁	K ♥♥	
90,0 g	___	B ✦✦	Ca	
26,4 g	___		Fe ●●	STOP
20,4 g	___	C	Mg	
133,2 g	___	E	F	Na Cho

(g)	%	Vitamine	Mineralstoffe	Beurteilung
0 g	___	A ✱	K ♥♥	
25,5 g	___	B ✦✦	Ca	
22,5 g	___		Fe ●●	STOP
18,8 g	___	C ✱	Mg	
83,3 g	___	E	F ✱	Na Cho

(g)	%	Vitamine	Mineralstoffe	Beurteilung
2,7 g	___	A 👁	K ♥♥♥	
21,9 g	___	B ✦	Ca	
5,0 g	___		Fe ●●	⚠
8,0 g	___	C	Mg	
59,0 g	___	E	F	Na Cho

181

Nenne das Produkt, das bei der
Beurteilung am besten abschneidet.

Weißbrot 30 g	Kalorien	Grundnährstoffe
		KHn.v.
		KHv.
		Eiweiß
		Fett
	71 kcal	Wasser

Fladenbrot 140 g	Kalorien	Grundnährstoffe
		KHn.v.
		KHv.
		Eiweiß
		Fett
	514 kcal	Wasser

Pumpernickel 55 g	Kalorien	Grundnährstoffe
		KHn.v.
		KHv.
		Eiweiß
		Fett
	111 kcal	Wasser

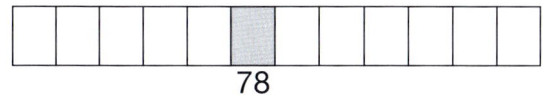

78

(g)	%	Vitamine	Mineralstoffe	Beurteilung
0,9 g	——	A	K ❤	**STOP**
14,4 g	——	B ★	Ca	
2,3 g	——		Fe ★	Na
0,5 g	——	C	Mg ★	
11,7 g	——	E ★	F 🦷	

(g)	%	Vitamine	Mineralstoffe	Beurteilung
8,4 g	——	A	K ❤	**STOP**
105,0 g	——	B ★	Ca	
14,0 g	——		Fe ●	Na
4,2 g	——	C	Mg	
7,0 g	——	E	F ★	

(g)	%	Vitamine	Mineralstoffe	Beurteilung
5,4 g	——	A	K ❤❤	⚠
22,6 g	——	B ★	Ca	
2,8 g	——		Fe ●	Na
0,6 g	——	C	Mg	
24,8 g	——	E	F 🦷	☺ ballaststoffreich

Nenne den Grundnährstoff, der in diesen Produkten nicht enthalten ist.

Leberwurst 35 g	Kalorien	Grundnährstoffe
		KHn.v.
		KHv.
		Eiweiß ▪▪◆
		Fett ▪▪▪◆
	147 kcal	Wasser ▪▪◆

Mettwurst 35 g	Kalorien	Grundnährstoffe
		KHn.v.
		KHv.
		Eiweiß ▪▪◆
		Fett ▪▪◆
	159 kcal	Wasser ▪▪▪◆

Zungenwurst 25 g	Kalorien	Grundnährstoffe
		KHn.v.
		KHv.
		Eiweiß ▪▪◆
		Fett ▪▪▪◆
	100 kcal	Wasser ▪▪◆

(g)	%	Vitamine		Mineralstoffe		Beurteilung
0 g	___	A	👁	K	❤	STOP
0 g	___	B	⚡	Ca		
4,3 g	___			Fe	●	Na Cho
14,4 g	___	C		Mg		
15,1 g	___	E	⋆	F		

(g)	%	Vitamine		Mineralstoffe		Beurteilung
0 g	___	A		K	❤	STOP
0 g	___	B	⋆	Ca		
4,4 g	___			Fe	●	Na Cho
15,8 g	___	C		Mg	⋆	
13,2 g	___	E		F		

(g)	%	Vitamine		Mineralstoffe		Beurteilung
0 g	___	A	⋆	K	❤	STOP
0 g	___	B	⋆	Ca		
3,3 g	___			Fe	●	Na Cho
9,6 g	___	C		Mg	⋆	
11,4 g	___	E		F		

Wurst ist sehr fett und hat daher viele Kalorien. Nenne die Wurstsorte, für die das besonders zutrifft.

Fleischwurst 20 g	Kalorien	Grundnährstoffe
		KHn.v.
		KHv.
		Eiweiß
		Fett
	59 kcal	Wasser

Bierschinken 25 g	Kalorien	Grundnährstoffe
		KHn.v.
		KHv.
		Eiweiß
		Fett
	59 kcal	Wasser

Salami 25 g	Kalorien	Grundnährstoffe
		KHn.v.
		KHv.
		Eiweiß
		Fett
	130 kcal	Wasser

81

(g)	%	Vitamine	Mineralstoffe	Beurteilung
0 g	__	A	K ♥	STOP
0 g	__	B ⋆	Ca	
2,6 g	__		Fe	Na Cho
5,4 g	__	C	Mg ⋆	
11,5 g	__	E	F	

(g)	%	Vitamine	Mineralstoffe	Beurteilung
0 g	__	A	K ♥	STOP
0 g	__	B ⋆	Ca	
3,9 g	__		Fe	Na Cho
4,8 g	__	C	Mg	
15,7 g	__	E	F	

(g)	%	Vitamine	Mineralstoffe	Beurteilung
0 g	__	A	K ♥	STOP
0 g	__	B ⋆	Ca	
4,5 g	__		Fe	Na Cho
12,4 g	__	C	Mg ⋆	
6,9 g	__	E ⋆	F	

Corned beef hat wenig Kalorien. Trotzdem bekommt es ein „STOP" - Schild.
Nenne die Stoffe, von denen nur sehr wenige enthalten sind.

Putenbrust 30 g	Kalorien	Grundnährstoffe	
	32 kcal	KHn.v.	
		KHv.	
		Eiweiß	■:◆
		Fett	◆
		Wasser	■:◆

Roastbeef 20 g	Kalorien	Grundnährstoffe	
	35 kcal	KHn.v.	
		KHv.	
		Eiweiß	■■◆
		Fett	■◆
		Wasser	■:◆

Corned beef 25 g	Kalorien	Grundnährstoffe	
	35 kcal	KHn.v.	
		KHv.	
		Eiweiß	■◆
		Fett	■◆
		Wasser	■■:◆

+

82   83

(g)	%	Vitamine	Mineralstoffe	Beurteilung
0 g	___	A	K ♥	
0 g	___	B	Ca	
7,2 g	___		Fe ∗	Na Cho
0,3 g	___	C	Mg	
22,1 g	___	E ∗	F	

(g)	%	Vitamine	Mineralstoffe	Beurteilung
0 g	___	A ∗	K ♥	
0 g	___	B ∗	Ca	
4,1 g	___		Fe	Na Cho
2,0 g	___	C	Mg	
13,6 g	___	E ∗	F	

(g)	%	Vitamine	Mineralstoffe	Beurteilung
0 g	___	A	K ♥	
0 g	___	B ∗	Ca	STOP
5,4 g	___		Fe	Na Cho
1,5 g	___	C	Mg	
17,5 g	___	E	F	

Käse enthält viel „verstecktes" Fett
und „verstecktes" Salz.
Nenne den in großen Mengen
negativen Bestandteil des Salzes.

Emmentaler, 45% 35 g	Kalorien	Grundnährstoffe
		KHn.v.
		KHv.
		Eiweiß ■
		Fett ■.
	134 kcal	Wasser ■:.

Gouda, 45% 50 g	Kalorien	Grundnährstoffe
		KHn.v.
		KHv.
		Eiweiß ■:.
		Fett ■::.
	183 kcal	Wasser ■■:..

Edamer, 30% 50 g	Kalorien	Grundnährstoffe
		KHn.v.
		KHv.
		Eiweiß ■:..
		Fett ■:..
	126 kcal	Wasser ■::.

84

(g)	%	Vitamine	Mineralstoffe	Beurteilung
0 g	___	A 👁	K ❤	
0 g	___	B ✳	Ca 🦴🦴🦴🦴	⚠
10,0 g	___	C	Fe ✳	
10,4 g	___		Mg 💪	Na Cho
12,5 g	___	E ✳	F 🦷	

(g)	%	Vitamine	Mineralstoffe	Beurteilung
0 g	___	A 👁	K ❤	
0 g	___	B ✳	Ca 🦴🦴🦴🦴	⚠
12,8 g	___	C	Fe ✳	
14,6 g	___		Mg 💪	Na Cho
18,2 g	___	E	F 🦷	

(g)	%	Vitamine	Mineralstoffe	Beurteilung
0 g	___	A 👁	K ❤	
0 g	___	B ✳	Ca 🦴🦴🦴🦴	⚠
13,2 g	___	C	Fe ✳	
8,1 g	___		Mg 💪	Na Cho
24,6 g	___	E ✳	F 🦷	

Der 60%-ige Camembert ist sehr fett und hat deshalb viele …

Camembert, 60% 30 g	Kalorien	Grundnährstoffe
		KHn.v.
		KHv.
		Eiweiß
		Fett
	113 kcal	Wasser

Camembert, 45% 30 g	Kalorien	Grundnährstoffe
		KHn.v.
		KHv.
		Eiweiß
		Fett
	86 kcal	Wasser

Harzer 50 g	Kalorien	Grundnährstoffe
		KHn.v.
		KHv.
		Eiweiß
		Fett
	63 kcal	Wasser

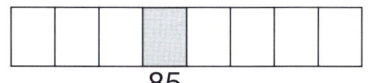

85

(g)	%	Vitamine		Mineralstoffe		Beurteilung
0 g	___	A	👁	K	❤	
0 g	___	B	✳	Ca		**STOP**
5,4 g	___			Fe	✳	Na Cho
10,2 g	___	C		Mg	💪	
13,2 g	___	E		F		

(g)	%	Vitamine		Mineralstoffe		Beurteilung
0 g	___	A	👁	K	❤	
0 g	___	B		Ca		⚠
6,3 g	___			Fe	✳	
6,7 g	___	C		Mg	💪	Na Cho
15,6 g	___	E	✳	F	✳	

(g)	%	Vitamine		Mineralstoffe		Beurteilung
0 g	___	A		K	❤	
0 g	___	B	✳	Ca		⚠
15,0 g	___			Fe	✳	
0,4 g	___	C		Mg	💪	Na Cho
32,0 g	___	E		F		

Krabben haben wenig Kalorien, aber sie enthalten Natrium und Cholesterin.
Heringe enthalten noch mehr dieser in großen Mengen schädlichen Stoffe.
Welches Produkt erinnert an einen bekannten deutschen Politiker?

Brathering 200 g	Kalorien	Grundnährstoffe
		KHn.v.
		KHv.
		Eiweiß
		Fett
	408 kcal	Wasser

Bismarckhering 85 g	Kalorien	Grundnährstoffe
		KHn.v.
		KHv.
		Eiweiß
		Fett
	179 kcal	Wasser

Krabben 50 g	Kalorien	Grundnährstoffe
		KHn.v.
		KHv.
		Eiweiß
		Fett
	46 kcal	Wasser

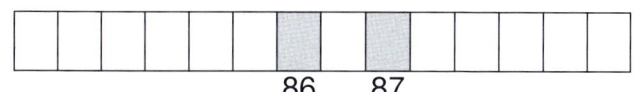

(g)	%	Vitamine	Mineralstoffe	Beurteilung
0 g	——	A 👁	K ♥ ♥	STOP
0 g	——	B ⭐	Ca 🦴 🦴	
33,6 g	——	C	Fe 🔴 🔴	Na Cho
30,4 g	——		Mg	🧂 🕯
124,0 g	——	E	F	☺ essentielle Fettsäuren

(g)	%	Vitamine	Mineralstoffe	Beurteilung
0 g	——	A 👁	K ♥	STOP
0 g	——	B ⭐	Ca 🦴	
14,0 g	——	C	Fe 🔴	Na Cho
13,6 g	——		Mg 💪	🧂 🕯
52,9 g	——	E	F	☺ essentielle Fettsäuren

(g)	%	Vitamine	Mineralstoffe	Beurteilung
0 g	——	A ✶	K ♥	⚠
0 g	——	B ⭐	Ca 🦴	
8,7 g	——	C ✶	Fe 🔴	Na Cho
1,3 g	——		Mg 💪	🧂 🕯
38,6 g	——	E 🦵	F 🦷	

Geräucherte Lebensmittel enthalten viel Salz. Man sollte sie nicht zu oft essen.
Nenne das Produkt, das bei der Beurteilung am besten abschneidet.

Lachs, geräuchert 20 g	Kalorien	Grundnährstoffe
		KHn.v.
		KHv.
		Eiweiß
		Fett
	34 kcal	Wasser

Makrele, geräuchert 100 g	Kalorien	Grundnährstoffe
		KHn.v.
		KHv.
		Eiweiß
		Fett
	222 kcal	Wasser

Aal, geräuchert 150 g	Kalorien	Grundnährstoffe
		KHn.v.
		KHv.
		Eiweiß
		Fett
	470 kcal	Wasser

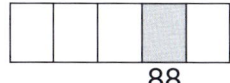

(g)	%	Vitamine	Mineralstoffe		Beurteilung
0 g	___	A	K	♥	
0 g	___	B	Ca		
4,3 g	___		Fe	*	
1,9 g	___	C	Mg		
11,8 g	___	E	F		Na Cho ☺ essentielle Fettsäuren

(g)	%	Vitamine	Mineralstoffe		Beurteilung
0 g	___	A	K	♥♥	
0 g	___	B	Ca		
20,7 g	___		Fe	●	STOP
15,5 g	___	C	Mg		
62,3 g	___	E	F		Na Cho ☺ essentielle Fettsäuren

(g)	%	Vitamine	Mineralstoffe		Beurteilung
0 g	___	A	K	♥♥	
0 g	___	B	Ca		
26,9 g	___		Fe	●	STOP
40,2 g	___	C	Mg		
79,4 g	___	E	F		Na Cho ☺ essentielle Fettsäuren

197

Nenne das Produkt mit den wenigsten Kalorien.

Heringsfilet in Tomatensoße 100 g	Kalorien	Grundnährstoffe
		KHn.v.
		KHv.
		Eiweiß
		Fett
	204 kcal	Wasser

Thunfisch in Öl 150 g	Kalorien	Grundnährstoffe
		KHn.v.
		KHv.
		Eiweiß
		Fett
	425 kcal	Wasser

Thunfisch im eigenen Saft 150 g	Kalorien	Grundnährstoffe
		KHn.v.
		KHv.
		Eiweiß
		Fett
	152 kcal	Wasser

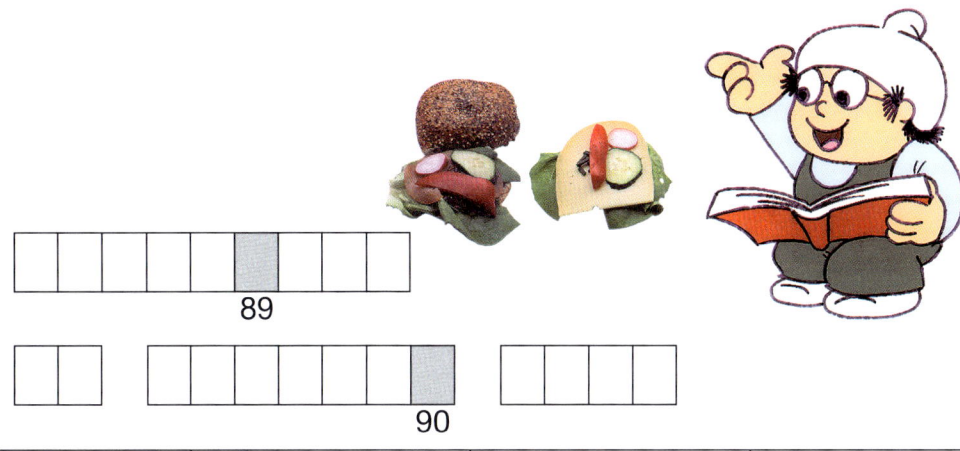

					89			

									90						

(g)	%	Vitamine		Mineralstoffe		Beurteilung
0 g	——	A 👁		K ❤❤		
0 g	——	B ⭐		Ca 🦴		
16,5 g	——	C		Fe 🔴		Na Cho
16,0 g	——			Mg 💪💪		
62,2 g	——	E		F		☹ Umweltbelastung

(g)	%	Vitamine		Mineralstoffe		Beurteilung
0 g	——	A 👁		K ❤❤❤		STOP
0 g	——	B ⭐		Ca 🦴		
35,7 g	——	C ✳		Fe 🔴		Na Cho
31,4 g	——			Mg 💪💪		
78,8 g	——	E 🦷🦷🦷🦷		F 🦷🦷🦷🦷		☹ Umweltbelastung

(g)	%	Vitamine		Mineralstoffe		Beurteilung
1,5 g	——	A 👁		K ❤❤		
18,6 g	——	B ⭐		Ca 🦴		
9,2 g	——	C ❤		Fe 🔴		Na Cho
13,4 g	——			Mg 💪💪		
104,0 g	——	E 🦷🦷🦷		F 🦷🦷		☹ Umweltbelastung

Nenne das Produkt, das am schlechtesten abschneidet, da es weniger Vitamine und Mineralstoffe enthält als die anderen.

Gewürzgurken 50 g	Kalorien	Grundnährstoffe
	9 kcal	KHn.v. ◆ KHv. ▪◆ Eiweiß ◆ Fett ◆ Wasser ▪▪▪

Rote Bete, im Glas 50 g	Kalorien	Grundnährstoffe
	18 kcal	KHn.v. KHv. ▪▪ Eiweiß ◆ Fett Wasser ▪▪▪

Selleriesalat, im Glas 50 g	Kalorien	Grundnährstoffe
	6 kcal	KHn.v. ▪◆ KHv. ◆ Eiweiß ◆ Fett ◆ Wasser ▪▪▪

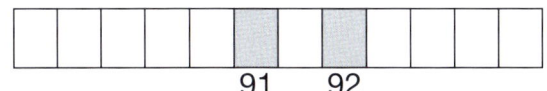

		91	92		

(g)	%	Vitamine	Mineralstoffe	Beurteilung
0,2 g	___	A	K	
1,9 g	___	B	Ca 🦴	
0,5 g	___		Fe 🩸	
0,1 g	___	C ⋆	Mg	
45,4 g	___	E	F	Na

(g)	%	Vitamine	Mineralstoffe	Beurteilung
0 g	___	A ⋆	K ❤️	
4,0 g	___	B ⋆	Ca 🦴	
0,5 g	___		Fe 🩸	
0 g	___	C 🐔	Mg 💪	
45,5 g	___	E	F	Na

(g)	%	Vitamine	Mineralstoffe	Beurteilung
1,1 g	___	A ⋆	K ❤️	
0,8 g	___	B ⋆	Ca 🦴	
0,5 g	___		Fe ⋆	
0,7 g	___	C ⋆	Mg 💪	
47,0 g	___	E 💧	F 🦷	Na

201

Alle diese Produkte enthalten viele Vitamine und Mineralstoffe. Paprikafrüchte enthalten besonders viel Vitamin C und E. Nenne das Produkt, das kein Vitamin E enthält.

Tomaten 80 g	Kalorien	Grundnährstoffe
		KHn.v. ▪◆
		KHv. ▪▪◆
		Eiweiß ◆
		Fett ◆
	14 kcal	Wasser ▪▪▪▪

Paprikafrüchte, roh 200 g	Kalorien	Grundnährstoffe
		KHn.v. ▪▪
		KHv. ▪▪◆
		Eiweiß ▪▪◆
		Fett
	40 kcal	Wasser ▪▪▪▪▪◆▪▪

Radieschen 30 g	Kalorien	Grundnährstoffe
		KHn.v. ◆
		KHv. ◆
		Eiweiß ◆
		Fett
	4 kcal	Wasser ▪▪▪◆

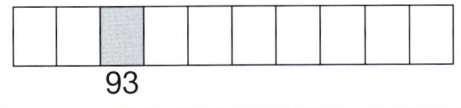

93

(g)	%	Vitamine	Mineralstoffe	Beurteilung
1,4 g ___		A	K	
2,8 g ___		B	Ca	
0,8 g ___		C	Fe	Na
0,2 g ___			Mg	
75,0 g ___		E	F	

(g)	%	Vitamine	Mineralstoffe	Beurteilung
6,0 g ___		A	K	
6,2 g ___		B	Ca	
2,4 g ___		C	Fe	Na
0 g ___			Mg	
184,0 g ___		E	F	

(g)	%	Vitamine	Mineralstoffe	Beurteilung
0,3 g ___		A	K	
0,6 g ___		B	Ca	
0,3 g ___		C	Fe	Na
0 g ___			Mg	
27,8 g ___		E	F	

Alle diese Produkte enthalten sehr viel …

Schlangengurken 100 g	Kalorien	Grundnährstoffe
		KHn.v. ◦
		KHv.
		Eiweiß ◦
		Fett ◦
	13 kcal	Wasser ▪▪▪▪.

Eisbergsalat 45 g	Kalorien	Grundnährstoffe
		KHn.v. ◦
		KHv.
		Eiweiß ◦
		Fett ◦
	5 kcal	Wasser ▪▪▪:.

Feldsalat 20 g	Kalorien	Grundnährstoffe
		KHn.v. ◦
		KHv. ◦
		Eiweiß ◦
		Fett ◦
	2 kcal	Wasser ▪▪:..

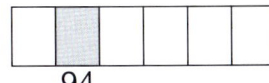

94

(g)	%	Vitamine		Mineralstoffe		Beurteilung
0,9 g	___	A	👁	K	❤	
0 g	___	B	★	Ca	🦴	
0,6 g	___	C		Fe	🔴	Na
0,2 g	___			Mg	💪	
95,4 g	___	E	★	F	🦷	

(g)	%	Vitamine		Mineralstoffe		Beurteilung
0,7 g	___	A	👁	K	❤	
0 g	___	B	★	Ca	🦴	
0,6 g	___	C		Fe	🔴	Na
0,1 g	___			Mg	💪	
42,6 g	___	E	★	F	🦷	

(g)	%	Vitamine		Mineralstoffe		Beurteilung
0,3 g	___	A	👁	K	❤	
0,1 g	___	B	★	Ca	🦴	
0,4 g	___	C		Fe	🔴	Na
0,1 g	___			Mg	★	
18,7 g	___	E	★	F		

Nenne das Produkt mit den meisten Kalorien.

Zitronensaft 4 ml	**Kalorien**	**Grundnährstoffe**
		KHn.v.
		KHv. ♦
		Eiweiß
		Fett
	1 kcal	Wasser ▪▪♦

Sonnenblumenöl 4 ml	**Kalorien**	**Grundnährstoffe**
		KHn.v.
		KHv.
		Eiweiß
		Fett ▪▪
	36 kcal	Wasser

Joghurt-Salatdressing 5 ml	**Kalorien**	**Grundnährstoffe**
		KHn.v.
		KHv. ♦
		Eiweiß ♦
		Fett ♦
	8 kcal	Wasser ▪▪♦

95

(ml)	%	Vitamine	Mineralstoffe	Beurteilung
0 ml	___	A ★	K ★	
0,3 ml	___	B ★	Ca ★	
0 ml	___		Fe ★	Na
0 ml	___	C ★	Mg ★	
3,6 ml	___	E	F	

(ml)	%	Vitamine	Mineralstoffe	Beurteilung
0 ml	___	A ★	K ★	
0 ml	___	B	Ca	STOP
0 ml	___		Fe	Cho
4,0 ml	___	C	Mg	
0 ml	___	E	F	☺ essentielle Fettsäuren

(ml)	%	Vitamine	Mineralstoffe	Beurteilung
0 ml	___	A ★	K	
0,3 ml	___	B ★	Ca	
0,1 ml	___		Fe ★	Na Cho
0,8 ml	___	C ★	Mg ★	
3,8 ml	___	E ★	F ★	

Naschen und Knabbern
am Abend?

Endlich ist es soweit! Das große Fußballendspiel zwischen Rot-Weiß Mainzelmann gegen Blau-Weiß Schlümpfe wird gleich im Fernsehen übertragen. Edi, Berti, Fritzchen und Anton sind schon ganz aufgeregt. Edi, der Küchenchef, hat gegen die anderen gewettet, daß die Schlümpfe gewinnen werden. Eifrig bereitet er sich einen leckeren Rohkostsalat mit selbstgemachtem Joghurt-Kräuter-Dressing zu. Die Fernsehübertragung hat bereits begonnen. Fritzchen, Berti und Anton haben es sich auf der Couch gemütlich gemacht und knabbern Kartoffelchips, Erdnußflips und Salzstangen. Edi gesellt sich mit seinem knackigen Salat zu ihnen.

Aber wo ist der kleine Conni? Oh je, er nutzt die Gunst der Stunde, schleicht in die Küche und mopst so viele Karamellen aus der Bonbondose wie unter seine Mütze passen. Geschwind läuft er in sein Zimmer. Dabei purzeln einige Bonbons auf den Boden. Conni hat nicht gemerkt, daß er eine verräterische Spur hinterlassen hat. Inzwischen ist im Wohnzimmer ein Streit entbrannt. Edi hat sich nach dem Spielstand erkundigt, die anderen wollen ihm jedoch nicht auf die Nase binden, daß es 1 : 0 für die Schlümpfe steht. „Du mit deinem Salat bist ja selber schuld, daß du zu spät gekommen bist. Du hättest ja auch Chips essen können." Edi ist entsetzt. „Wie kann man nur so dumm sein und sich so viel Fett 'reinziehen. Das liegt viel zu schwer im Magen. Gleich könnt ihr wieder nicht schlafen." - „Du mit deinen Vitaminen hast ja 'nen Knall!", erwidern die anderen. Edi ist beleidigt und schweigt.

Kurz vor dem Ende des Spiels kommt Det nach Hause. Auf den ersten Blick entdeckt er die Bonbonspur und überrascht den kleinen Conni in seinem Zimmer, der gerade gierig in die fünfte Hartkaramelle beißt. Aber oh Schreck, ein Stück vom Zahn ist plötzlich weg. Das muß er vor Entsetzen 'runtergeschluckt haben, als Det die Tür aufmachte. „Das kommt vom vielen Naschen, vor allem nach dem Zähneputzen. Die Zähne bekommen Karies und werden brüchig. Heute nacht bekommst du bestimmt noch Zahnschmerzen!", sagt

Det. Conni sitzt aufrecht im Bett und jammert, denn er hat jetzt bereits schon Schmerzen. „Nie wieder werde ich so unvernünftig sein", beteuert er.

Det holt sich aus der Küche einige Möhren, Gurkenscheiben sowie Nüsse und geht damit ins Wohnzimmer, um sich das Ende des Spiels anzusehen. Aber er kommt zu spät. Die Schlümpfe haben 2 : 0 gewonnen. Sie werden gerade interviewt. Die siegreiche Schlumpfmannschaft erklärt: „Unsere Top-Form verdanken wir der Umstellung unserer Ernährung auf frische Rohkost mit Vitaminen und Mineralstoffen. Dazu brauchen wir natürlich auch noch Kohlenhydrate in Form von Vollkornnudeln, die uns schnell POWER liefern. Schließlich müssen wir sportliche Höchstleistungen bringen! Fett haben wir bis auf's Nötigste reduziert." „Da seht ihr, daß ich Recht habe," sagt Edi. Das sportliche Fritzchen stimmt ihm zu. Berti und Anton sind noch trotzig und machen sich jetzt über Det her: „Was nützen dir deine Möhren und Gurken, wenn du die fetten Nüsse dazu ißt." Det belehrt sie: „Es sind ja nur wenige Nüsse, und etwas Fett ist nötig, damit der Körper die fettlöslichen Vitamine A und E aus den Gurken und Möhren aufnehmen kann. Man darf deshalb nie ganz auf Fett verzichten!"

Nach einer Idee von: Robert Dyka, Melanie Hark,
Angelika Schubert und Abbas Yalcin

Was passiert, wenn die Mainzelmännchen jeden Abend Chips und Flips essen?
Schreibe dazu eine eigene Geschichte.

Nenne das Produkt mit entsetzlich vielen Kalorien. Es schneidet bei der Beurteilung trotzdem besser ab als die anderen Süßigkeiten.
Überlege dir warum.

Hartkaramellen 10 g	Kalorien	Grundnährstoffe
		KHn.v.
		KHv. ■::◆
		Eiweiß
		Fett
	39 kcal	Wasser ◆

Gummibärchen 70 g	Kalorien	Grundnährstoffe
		KHn.v.
		KHv. ■:◆
		Eiweiß ::◆
		Fett
	230 kcal	Wasser ■:◆

Lakritze 17 g	Kalorien	Grundnährstoffe
		KHn.v. ◆
		KHv. ■::◆
		Eiweiß ◆
		Fett :◆
	66 kcal	Wasser :◆

96

(g)	%	Vitamine	Mineralstoffe	Beurteilung
0 g	——	A	K ★	**STOP**
9,7 g	——	B	Ca ★	
0 g	——	C	Fe ★	Na
0 g	——		Mg ★	
0,3 g	——	E	F	

(g)	%	Vitamine	Mineralstoffe	Beurteilung
0 g	——	A	K ♥♥	⚠
53,2 g	——	B	Ca 🦴🦴🦴	
4,2 g	——		Fe ●●	Na
0 g	——	C	Mg 💪💪	
12,6 g	——	E	F ★	

(g)	%	Vitamine	Mineralstoffe	Beurteilung
0,2 g	——	A	K ♥	**STOP**
14,8 g	——	B ★	Ca 🦴	
0,8 g	——		Fe ●	Na
1,5 g	——	C ★	Mg ★	
1,1 g	——	E ★	F ★	

Alle drei Produkte solltest du nur in kleinen Mengen essen, da sie viele Kalorien haben.
Nenne das Lebensmittel mit den wenigsten Mineralstoffen.

Kartoffelchips 10 g	Kalorien	Grundnährstoffe
		KHn.v. ◆
		KHv. ▦◆
		Eiweiß ◆
		Fett ▦
	57 kcal	Wasser ◆

Erdnußflips 15 g	Kalorien	Grundnährstoffe
		KHn.v.
		KHv. ▪▦◆
		Eiweiß ▮
		Fett ▦◆
	73 kcal	Wasser

Salzstangen 15 g	Kalorien	Grundnährstoffe
		KHn.v.
		KHv. ▪◆
		Eiweiß
		Fett
	58 kcal	Wasser ▪◆

		97				98		

(g)	%	Vitamine	Mineralstoffe	Beurteilung
0,6 g	___	A	K ❤	
4,6 g	___	B ⋆	Ca	
0,6 g	___		Fe ◖◗	Na
4,0 g	___	C ⋆	Mg	
0,8 g	___	E	F ⋆	

(g)	%	Vitamine	Mineralstoffe	Beurteilung
0 g	___	A ⋆	K ❤	STOP
8,7 g	___	B ⋆	Ca	
2,0 g	___		Fe ◖	Na
3,3 g	___	C	Mg	
0 g	___	E	F	

(g)	%	Vitamine	Mineralstoffe	Beurteilung
0 g	___	A	K ❤	STOP
11,3 g	___	B ⋆	Ca	
0 g	___		Fe ⋆	Na
0 g	___	C	Mg	
1,2 g	___	E	F	

Erdnüsse schneiden bei der
Beurteilung besser ab als die
anderen Produkte.
Sie enthalten nämlich mehr

Kräcker 10 g	**Kalorien**	**Grundnährstoffe**
		KHn.v.
		KHv. ■:
		Eiweiß ■◆ ·
		Fett ■◆
	45 kcal	Wasser ◆

Käse-Snäcks 10 g	**Kalorien**	**Grundnährstoffe**
		KHn.v.
		KHv. ::◆
		Eiweiß ■◆
		Fett :.◆
	57 kcal	Wasser ◆

Erdnüsse, geröstet gesalzen 30 g	**Kalorien**	**Grundnährstoffe**
		KHn.v. :◆
		KHv. ::
		Eiweiß ■:◆
		Fett ■::◆
	176 kcal	Wasser ◆

99

(g)	%	Vitamine	Mineralstoffe	Beurteilung
0 g	——	A ✱	K ❤	STOP
7,0 g	——	B ✱	Ca	
1,1 g	——		Fe ✱	Na
1,4 g	——	C	Mg ✱	
0,4 g	——	E ✱	F ✱	

(g)	%	Vitamine	Mineralstoffe	Beurteilung
0 g	——	A	K ❤	STOP
4,6 g	——	B ✱	Ca	
1,1 g	——		Fe ✱	Na
3,8 g	——	C	Mg	
0,4 g	——	E ✱	F	

(g)	%	Vitamine	Mineralstoffe	Beurteilung
2,2 g	——	A ◖	K ❤❤	⚠
4,0 g	——	B ✱	Ca	
7,9 g	——		Fe ◖	Na
14,7 g	——	C	Mg 💪💪	
0,5 g	——	E 🧊🧊	F 🦷	

Nüsse sind gesund. Sie enthalten viele Vitamine und sehr viele Mineralstoffe. Du solltest sie aber nur in geringen Mengen essen, da sie viele Kalorien haben; denn sie enthalten reichlich

Erdnüsse, frisch 30 g	Kalorien	Grundnährstoffe
		KHn.v.
		KHv.
		Eiweiß
		Fett
	190 kcal	Wasser

Haselnüsse 30 g	Kalorien	Grundnährstoffe
		KHn.v.
		KHv.
		Eiweiß
		Fett
	193 kcal	Wasser

Paranüsse 30 g	Kalorien	Grundnährstoffe
		KHn.v.
		KHv.
		Eiweiß
		Fett
	200 kcal	Wasser

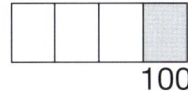
100

(g)	%	Vitamine	Mineralstoffe	Beurteilung
2,3 g	——	A	K ♥	
4,1 g	——	B 🌟	Ca 🦴	
8,8 g	——	C 🐟	Fe ◗	Na
16,0 g	——		Mg 💪	
1,7 g	——	E ❄️❄️	F 🦷	

(g)	%	Vitamine	Mineralstoffe	Beurteilung
2,2 g	——	A ⋆	K ♥	
3,4 g	——	B 🌟	Ca 🦴	
3,9 g	——	C ⋆	Fe ●	Na
18,3 g	——		Mg 💪	
1,7 g	——	E ❄️❄️❄️❄️	F ⋆	

(g)	%	Vitamine	Mineralstoffe	Beurteilung
2,0 g	——	A ⋆	K ♥	
1,1 g	——	B 🌟	Ca 🦴	
4,2 g	——	C ⋆	Fe ●	STOP
20,1 g	——		Mg 💪	Na
1,7 g	——	E ❄️❄️	F	

Finde heraus, welches Produkt am wenigsten Fett enthält.

Cashew-Nüsse 30 g	Kalorien	Grundnährstoffe
	171 kcal	KHn.v. KHv. Eiweiß Fett Wasser

Mandeln 30 g	Kalorien	Grundnährstoffe
	180 kcal	KHn.v. KHv. Eiweiß Fett Wasser

Rosinen 30 g	Kalorien	Grundnährstoffe
	80 kcal	KHn.v. KHv. Eiweiß Fett Wasser

(g)	%	Vitamine		Mineralstoffe		Beurteilung
0,9 g	___	A	★	K	♥	
9,2 g	___	B		Ca		
5,2 g	___			Fe		
12,6 g	___	C		Mg		
1,2 g	___	E		F		Na

(g)	%	Vitamine		Mineralstoffe		Beurteilung
3,0 g	___	A	★	K	♥♥	
2,8 g	___	B		Ca		
5,7 g	___			Fe		
16,2 g	___	C	★	Mg		
1,5 g	___	E		F		Na

(g)	%	Vitamine		Mineralstoffe		Beurteilung
1,6 g	___	A	★	K	♥♥	
19,9 g	___	B	★	Ca		
0,7 g	___			Fe	★	
0,2 g	___	C	★	Mg		
6,9 g	___	E		F		Na

219

Trage den Namen des Lebensmittels ein, das nicht nur am meisten Vitamine und Mineralstoffe enthält, sondern auch den Durst löscht.

Äpfel, getrocknet 30 g	Kalorien	Grundnährstoffe
		KHn.v.
		KHv.
		Eiweiß
		Fett
	79 kcal	Wasser

Wassermelone, 150 g (300 g)	Kalorien	Grundnährstoffe
		KHn.v.
		KHv.
		Eiweiß
		Fett
	52 kcal	Wasser

Dauerlutscher 35 g	Kalorien	Grundnährstoffe
		KHn.v.
		KHv.
		Eiweiß
		Fett
	136 kcal	Wasser

103

(g)	%	Vitamine	Mineralstoffe	Beurteilung
2,4 g	——	A	K ♥	 
18,3 g	——	B ★	Ca	
0,4 g	——		Fe	
0,5 g	——	C	Mg	Na
7,4 g	——	E	F ★	

(g)	%	Vitamine	Mineralstoffe	Beurteilung
0,3 g	——	A	K ♥♥	
12,4 g	——	B	Ca	
0,9 g	——		Fe	
0,3 g	——	C	Mg	Na
135,4 g	——	E	F	

(g)	%	Vitamine	Mineralstoffe	Beurteilung
0 g	——	A	K ★	 STOP
34,0 g	——	B	Ca	
0,2 g	——		Fe ★	
0,1 g	——	C	Mg ★	Na
0,9 g	——	E	F	

Getränke

Der kleine Conni und der lustige Berti kommen aus der Schule. Draußen ist eine Bullenhitze. Beide haben tierischen Durst. Sie haben aber nur wenig Geld. Berti, der Witzbold, hat eine Bombenidee. Im Café „Süße Drops" bestellen sie eine Limo mit zwei Strohhalmen. Beide trinken so schnell wie noch nie und „ruck zuck" ist das Glas leer, der Durst ist aber immer noch riesig. Sie hätten noch Bock auf 'ne Cola, doch dazu fehlt das Geld. Da kommt der rettende Engel in Gestalt von Det vorbei. „Hi, Det! Gib uns Geld für 'ne kühle Cola. Bei der Affenhitze muß man einfach viel trinken!" „Klar, muß man viel trinken," antwortet Det. „Aber Cola könnt ihr euch putzen. Sie ist zu süß, löscht nicht den Durst und ist zudem noch wegen des Coffeins ungesund. Geld bekommt ihr nur für Mineralwasser, das viele Mineralstoffe enthält, die ihr benötigt, wenn ihr so viel schwitzt. Ihr könnt notfalls Apfelschorle trinken. Das ist mit Mineralwasser verdünnter Apfelsaft. Ein Glas purer Apfelsaft besteht aus dem Saft von drei Äpfeln. Die solltet ihr besser so essen; dann hättet ihr gleichzeitig Ballaststoffe aufgenommen!"

Nach einer Idee von: Christoph Dierks, Sebastian Janke, Benjamin Janson und Pamela Young

Was glaubst du? Haben die beiden das Geld für das Mineralwasser oder die Apfelschorle angenommen? Was haben sie mit dem Geld gemacht? Schreibe auf, wie es weitergegangen ist!

Vergleiche die drei Getränke.
Nenne das Getränk, das am
gesündesten ist.

Mineralwasser 200 ml	Kalorien	Grundnährstoffe
		KHn.v.
		KHv.
		Eiweiß
		Fett
	0 kcal	Wasser

Limonade 200 ml	Kalorien	Grundnährstoffe
		KHn.v.
		KHv.
		Eiweiß
		Fett
	98 kcal	Wasser

Lightgetränk 200 ml	Kalorien	Grundnährstoffe
		KHn.v.
		KHv.
		Eiweiß
		Fett
	1 kcal	Wasser

104

(ml)	%	Vitamine	Mineralstoffe	Beurteilung
0 ml	___	A	K ★	
0 ml	___	B	Ca	
0 ml	___		Fe	
0 ml	___	C	Mg	
200 ml	___	E	F	Na

(ml)	%	Vitamine	Mineralstoffe	Beurteilung
0 ml	___	A	K ★	
24,0 ml	___	B	Ca	STOP
0 ml	___		Fe ★	
0 ml	___	C	Mg ★	
185,0 ml	___	E	F	Na

(ml)	%	Vitamine	Mineralstoffe	Beurteilung
0 ml	___	A	K ★	
0 ml	___	B	Ca	
0 ml	___		Fe ★	
0 ml	___	C	Mg ★	
199 ml	___	E	F	Na

Vergleiche die Cola mit den Fruchtsäften. Nenne die Stoffe, die ihr fehlen.

Cola 200 ml	Kalorien	Grundnährstoffe
		KHn.v.
		KHv. ▪
		Eiweiß
		Fett
	88 kcal	Wasser ▪▪▪▪▪

Apfelsaft 200 ml	Kalorien	Grundnährstoffe
		KHn.v.
		KHv. ▪▪
		Eiweiß ◆
		Fett
	94 kcal	Wasser ▪▪▪▪▪

Traubensaft 200 ml	Kalorien	Grundnährstoffe
		KHn.v.
		KHv. ▪▪▪
		Eiweiß ◆
		Fett
	138 kcal	Wasser ▪▪▪▪

			105			

+

(ml)	%	Vitamine	Mineralstoffe	Beurteilung
0 ml	___	A	K $\star$	STOP
22 ml	___	B	Ca	
0 ml	___		Fe	
0 ml	___	C	Mg	Na
176 ml	___	E	F	

(ml)	%	Vitamine	Mineralstoffe	Beurteilung
0 ml	___	A $\star$	K	
23,4 ml	___	B	Ca	
0,2 ml	___		Fe	
0 ml	___	C $\star$	Mg	Na
176,0 ml	___	E	F	

(ml)	%	Vitamine	Mineralstoffe	Beurteilung
0 ml	___	A	K	
34,2 ml	___	B $\star$	Ca	
0,4 ml	___		Fe	
0 ml	___	C $\star$	Mg	Na
165,0 ml	___	E	F	

Tee ist gesund und löscht den Durst. Trage den Lösungsspruch auf der folgenden Seite ein.

Früchtetee 100 ml	Kalorien	Grundnährstoffe
	 3 kcal	KHn.v. ◆ KHv. ◆ Eiweiß ◆ Fett Wasser 

Pfefferminztee 100 ml	Kalorien	Grundnährstoffe
	 3 kcal	KHn.v. ◆ KHv. ◆ Eiweiß ◆ Fett Wasser 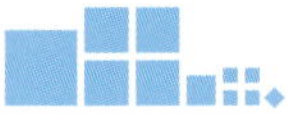

Kräutertee 100 ml	Kalorien	Grundnährstoffe
	 3 kcal	KHn.v. ◆ KHv. ◆ Eiweiß ◆ Fett Wasser 

228

(ml)	%	Vitamine	Mineralstoffe	Beurteilung
0,1 ml	___	A	K ⋆	
0,5 ml	___	B ⋆	Ca	
0,1 ml	___		Fe 🔴	
0 ml	___	C	Mg ⋆	
99,1 ml	___	E	F 🦷	

(ml)	%	Vitamine	Mineralstoffe	Beurteilung
0,1 ml	___	A	K ⋆	
0,5 ml	___	B ⋆	Ca	
0,1 ml	___		Fe 🔴	
0 ml	___	C	Mg ⋆	
99,1 ml	___	E	F 🦷	

(ml)	%	Vitamine	Mineralstoffe	Beurteilung
0,1 ml	___	A	K ⋆	
0,5 ml	___	B ⋆	Ca	
0,1 ml	___		Fe 🔴	
0 ml	___	C	Mg ⋆	
99,1 ml	___	E	F 🦷	

Und die Moral von der Geschicht:

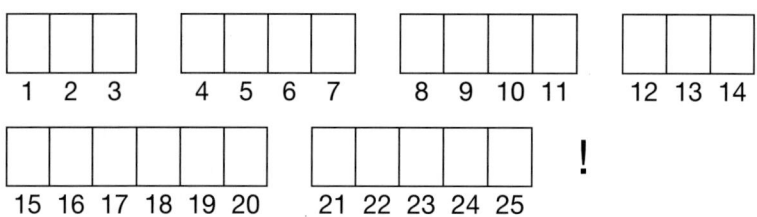

| 1 2 3 | 4 5 6 7 | 8 9 10 11 | 12 13 14 |

| 15 16 17 18 19 20 | 21 22 23 24 25 | !

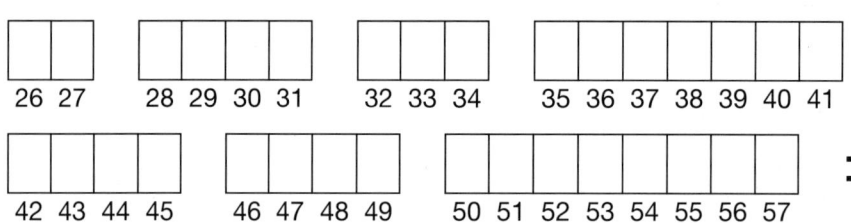

| 26 27 | 28 29 30 31 | 32 33 34 | 35 36 37 38 39 40 41 |

| 42 43 44 45 | 46 47 48 49 | 50 51 52 53 54 55 56 57 | :

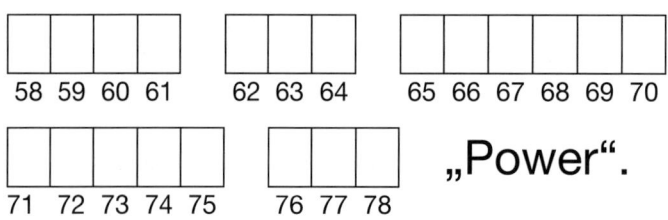

| 58 59 60 61 | 62 63 64 | 65 66 67 68 69 70 |

| 71 72 73 74 75 | 76 77 78 | „Power".

| 79 80 81 82 83 | 84 85 86 87 | 88 89 90 91 92 |

| 93 94 95 | „volle Korn",

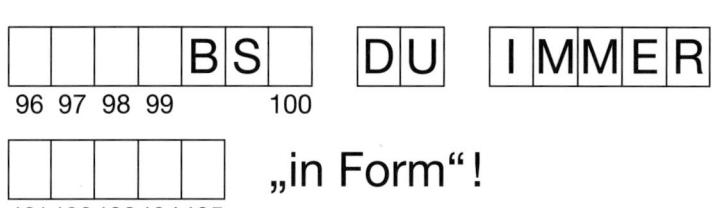

| 96 97 98 99 | B S | 100 | D U | I M M E R

| 101 102 103 104 105 | „in Form"!

3.8 Tips und Rezepte

Du hast bestimmt schon viele Bücher, Broschüren und Artikel mit Ratschlägen zur gesunden Ernährung und zum Abnehmen gesehen und vielleicht gelesen. In letzter Zeit erscheinen ja immer mehr davon. In einigen Fällen sind auch Rezepte dabei.

Vielleicht hast du dann sogar gedacht, daß du dich nicht richtig ernährst. Du willst das ändern, aber die vielen Informationen machen dich unsicher, und du weißt gar nicht mehr, was du noch essen sollst und was nicht. Bei dieser Entscheidung sollen dir in diesem Buch die Verkehrsschilder und die anderen Informationen zu den einzelnen Lebensmitteln helfen. Mit diesen Informationen ist die Auswahl zwar leichter, aber einfach ist die Änderung der Ernährung trotzdem nicht. Vor allen Dingen kannst du nicht von einem Tag auf den anderen auf einmal ganz andere Dinge essen als vorher. Die Ernährungsgewohnheiten kannst du nur langsam verändern.

Weil wir zum Glück nicht alle gleich sind – gleich aussehen, gleich denken, gleich handeln, gleich fühlen – muß jeder seinen eigenen Weg finden, wie er sich besser ernährt (vergleiche dazu Kapitel 3.9). Außerdem sind unsere Lebensbedingungen verschieden. Der eine geht in eine Halbtagsschule, der andere in eine Ganztagsschule. Der eine ißt mittags deshalb zu Hause, der andere aber in der Schule. Der eine hat eine Mutter, die arbeitet, der andere nicht. Bei dem einen gibt es deshalb vielleicht abends ein warmes Essen, bei dem anderen bereits mittags. Der eine muß sich sein Schulfrühstück selbst machen, der andere bekommt es von der Mutter oder dem Vater, und der nächste erhält sogar nur Geld, um sich etwas zu kaufen. Weil es so viele Unterschiede gibt, gibt es nur wenige Tips, die für fast alle gelten.

Der schlaue Det hat sich wieder einmal sehr bemüht, solche Tips für dich und deine Eltern herauszufinden.

TIPS:

– Gehe nie hungrig in die Stadt oder zum Einkaufen.
  Du kommst sonst zu leicht in die Versuchung,
  schnell mal eine Bratwurst, Pommes oder
  einen Hamburger zu essen. So tust du nicht nur
  etwas für deine Gesundheit, sondern du sparst
  auch dein Taschengeld.

– Nimm dir etwas zu essen und zu trinken mit,
  wenn du vorhast, länger unterwegs zu sein.
  Das kann z. B. Obst, rohes Gemüse,
  ein belegtes Vollkornbrötchen, selbstgemachter
  Fruchtjoghurt oder -quark, Mineralwasser oder
  Tee sein. Du und deine Eltern werden sich
  schnell daran gewöhnen, vor längeren „Ausflügen"
  immer etwas einzupacken. So erspart ihr euch den
  teuren Restaurant- oder Imbißstubenbesuch.

– Beim Kochen des Mittagessens könntest du
  Kaugummi kauen.
  Häufig wird nämlich unnötig oft probiert.
  Das läßt du schnell bleiben, wenn du diese
  klebrige Masse immer wieder aus
  dem Mund nehmen mußt. Es genügt in
  der Regel, das Essen ein- bis zweimal abzuschmecken.

Vermutlich bist du mit diesen Ratschlägen nicht so ganz einverstanden, weil du doch so gerne mal Pommes, einen Hamburger oder eine Pizza unterwegs ißt.

Aber auch hierzu ist dem schlauen Det eine Lösung eingefallen. Er rät dir, diese Lieblingsspeisen zu Hause zu essen. Da kannst du sie durch gesündere Lebensmittel <u>ergänzen</u> oder sie etwas <u>verändern</u>.

Hier einige Beispiele:

– Pizza: Nur eine halbe Pizza mit einem Salat als Ergänzung essen. Zur <u>Ergänzung</u> von weniger wertvollen Lebensmitteln mit „Stop"- oder „Vorsicht"- Schild eignen sich besonders Nahrungsmittel mit „Erlaubt"- Schild.

– Hamburger: <u>Veränderte</u> Hamburger hast du schon beim Abendessen gesehen. Sie sind bei fast allen Schülern sehr gut angekommen.

– Pommes: Nicht soviel davon und mit selbstgemachtem „Ketchup" und „Dressing".
Dieses Dressing kann man natürlich nicht nur zu den Pommes, sondern vor allen Dingen zum Salat essen.

– Nudeln: Vollkornnudeln mit selbstgemachtem „Ketchup"

Edi, der Küchenchef hat sich schnell mal ausgedacht, wie der Ketchup- oder Mayonnaise-Ersatz aussehen könnte:

REZEPTE:

Ketchup-Variation:

200 g   Möhren
 50 g   Knollensellerie
100 g   Porree
    1   Gemüsebrühwürfel
 4 EL   Tomatenketchup oder Tomatenmark
etwas Oregano

Möhren, Knollensellerie und Porree in wenig Gemüsebrühe kochen, mit dem Schnellmixstab zerkleinern, Tomatenketchup dazugeben und mit Oregano abschmecken. (Bei Bedarf mit Süßstoff nachsüßen. Läßt sich gut einfrieren und wieder aufwärmen.)

Salat-Dressing (Mayonnaise-Ersatz)

150g   Joghurt, 3,5% Fett
4 TL   Quark, mager
je 2g   frisch gehackte Kräuter
        (z.B. Schnittlauch, Petersilie)
        Pfeffer, jodiertes Salz

Joghurt und Quark zu einer Sauce verrühren, Kräuter zugeben und mit Gewürzen abschmecken.

Weitere interessante Rezepte in:
Verbraucher-Zentrale Nordrhein-Westfalen e.V. (Hrsg.):
Bärenstarke Kinderkost. 3. Aufl., Düsseldorf 1995

Zu deinen Lieblingsspeisen gehören bestimmt auch die Fisch-
stäbchen („Stop"-Schild). Sie sind paniert, nehmen deshalb beim
Braten viel Fett auf und schmecken nur noch wenig nach Fisch.
Damit du Fisch auch einmal anders „erlebst", hat Herr Detlef
Löwenberg, der Chefkoch eines großen Schiffes mit dem Namen
„EUROPA", einige Fisch-Rezepte für dich zusammengestellt, die dir
bestimmt nicht nur auf dem Teller gut gefallen. Wie du weißt, haben
Schellfisch, Seelachs und Scholle einen besonders hohen Jod-
gehalt. Deshalb hat Herr Löwenberg sich ein tolles Rezept aus-
gedacht, in dem diese drei Fischarten zusammen vorkommen.
Aber auch seine anderen Rezepte auf den folgenden Seiten werden
dir gefallen.

ms EUROPA

Küchenchef:
Detlef Löwenberg

Herstellung einer Fischbrühe (Fond)

Eine gute Fischbrühe ist der wichtigste Grundbestandteil für die in den folgenden Rezepturen vorkommenden Suppen und Saucen.

Zutaten für 1 Ltr. Brühe:

500 g	Steinbuttgräten (ersatzweise andere Gräten oder sogar etwas Fischfilet)
500 g	Seezungengräten
3/4 l	Wasser mit etwas Zitronensaft (oder 1/2 l trockener Weißwein)
1/2 l	Wasser
80 g	Fenchel
1	Petersilienwurzel
1	kleine Stange Lauch
2	Zwiebeln
1	Knoblauchzehe
50 g	Sellerie
50g	Butterschmalz
	1/2 Loorbeerblatt, 1 Nelke, 5 Wacholderbeeren
	Salz, Pfeffer

Zubereitung:

Die Gräten waschen und kleinschneiden, in Butterschmalz zusammen mit den feingeschnittenen Zwiebeln, Lauch, Sellerie, Fenchel, Petersilienwurzel anschwitzen.
Mit Wasser und Zitronensaft (Weißwein) auffüllen, die Gewürze dazugeben.
20 Minuten auf kleiner Flamme sieden lassen. Anschließend durch ein Haarsieb passieren.

Geschnetzeltes von Meeresfrüchten
in rotem Kartoffelrand

Für 4 Personen:

Zutaten:

je 200 g   Seelachs-, Schollen und Schellfischfilet
                 (evtl. 4 Riesengarnelen ohne Schale)
  je 1 EL   Gurken-, Zwiebel-, Fenchel- und Tomatenwürfel
      1 EL   Creme fraiche
      1 EL   geschlagene Sahne   > eventuell etwas reduzieren
      50 g   Butter
      3/4 l   Fischbrühe
                 Zitronensaft, jodiertes Salz, Pfeffer
      2 EL   Krebspaste (alternativ etwas Tomatenmark)
   0,5 kg   Kartoffeln

Zubereitung:

Fischbrühe aufkochen, das geschnittene Fischfilet (und die Garne-
len) zusammen mit den Zwiebel-, Gurken- und Fenchelwürfel darin
garen. Die Hälfte von der Fischbrühe abnehmen und 1/3 einkochen
lassen, Creme fraiche dazugeben und mit dem Mixer mantieren, danach nochmals aufkochen und die Tomatenwürfel sowie die ge-
schlagene Sahne unter die Sauce heben.
Die Kartoffeln werden in leichtem Salzwasser gekocht und danach
püriert, darunter hebt man die Krebspaste (das Tomatenmark).
Nun spritzt man auf den vorgewärmten Teller einen Kartoffelrand,
dahinein gibt man den Fisch mit dem Gemüse und überzieht alles
mit der Sauce.

Piccata von Schollenfilet
auf grünen Nudeln mit Tomatenschaum

Für 4 Personen:

Zutaten:

600 g	Schollenfilet
100 g	Parmesan, gerieben
2	Eier
1 EL	Speiseöl
80 g	Butterschmalz
300 – 400 g	grüne Nudeln

> eventuell etwas reduzieren

für die Garnitur:

4 EL	Tomatenconcassee
100 g	gewürfelte Champignons
50 g	gewürfelte Zwiebeln
100 g	Streifen von gekochtem Schinken

für den Tomatenschaum:

1/4 l	Fischbrühe
2 EL	Creme fraiche
50 g	Butter
500 g	Tomaten
1 EL	Tomatenmark
	Salbei, jodiertes Salz und Pfeffer

> eventuell etwas reduzieren

Zubereitung:

Tomaten abziehen, entkernen und im Mixer mit der Creme fraiche pürieren. Die Fischbrühe aufkochen, die pürierten Tomaten und das Tomatenmark dazugeben. Mit Salz und Pfeffer abschmecken und das ganze unter ständigem Rühren mit den kalten Butterflöckchen binden, danach den feingeschnittenen Salbei dazugeben.
Die Nudeln wurden in reichlich Salzwasser al dente gekocht.

Inzwischen werden die Schollenfilets gesalzen und leicht mehliert, dann in die mit dem Öl kalt aufgeschlagenen Eigelbe gegeben und mit Parmesankäse paniert, danach in dem Butterschmalz gold-gelb gebraten. Kurz bevor der Fisch fertig ist, gibt man die Garnitur mit in die Pfanne.

Die Nudeln werden in Butter angeschwenkt und mit etwas Muskat abgeschmeckt, auf vorgewärmte Teller gegeben, darauf gibt man den Fisch und die Garnitur. Den Tomatenschaum angießen oder extra servieren.

Zopf von Lachs und Steinbutt auf einer Kürbis-Quittensauce

Für 4 Personen:

Zutaten:

400g	frisches Lachsfilet
400g	frisches Steinbuttfilet
1	Kürbis (ca. 1 kg)
100 g	Quittengelee
0,5 l	Sahne (eventuell reduzieren)
1,2 l	Fischfond
	jodiertes Salz und Pfeffer
0,1 l	Zitronensaft

Zunächst das Lachs- und Steinbuttfilet in gleich große fingerdicke Streifen schneiden. Je drei Streifen nebeneinander legen und zu einem Zopf flechten. Die Enden mit Zahnstochern befestigen und den Lachs mit jodiertem Salz und Zitronensaft würzen. 0,4 l des Fischfond in einen Topf geben und den Zopf 4-5 min. garziehen lassen.

Für die Sauce:

Den Kürbis schälen und entkernen. Dann in 2 cm dicke Würfel schneiden. Mit den verbleibenden 0,8 l Fischfond und dem Quitten-gelee in einen Topf geben und kochen, bis die Kürbisstücke weich sind. Das ganze mit dem Stabmixer pürieren und die Sahne dazu-geben. Erneut die Sauce kochen lassen, bis sie die gewünschte Konsistenz hat. Danach durch ein feines Sieb gießen und mit jodiertem Salz, Pfeffer und etwas Zitronensaft abschmecken.

Steinbeißerfilet (oder anderes Filet) im Wirsing mit Zitronen-Kapernbutter

Für 4 Personen:

Zutaten:

600 g	Steinbeißerfilet (oder anderes Filet)
8	schöne Wirsingblätter
1 EL	kleine Kapern
1 EL	Zitronenfilets
1 EL	Tomatenwürfel
1 EL	Zwiebelwürfel
1/4 l	Fischbrühe
75 g	Butter
	jodiertes Salz und Pfeffer

Zubereitung:

Zunächst werden die Wirsingblätter in leichtem Salzwasser blanchiert, danach wird der Fisch portionsweise darin eingewickelt. Die Zwiebelwürfel werden in einem Topf in etwas Butter hell angeschwitzt, darauf setzt man den eingewickelten Fisch, füllt mit Fischbrühe auf und läßt ihn etwa 10 Minuten darin garen. Dann nimmt man den Fisch heraus, läßt die Brühe etwa 1/3 einkochen, bindet sie mit der kalten Butter und gibt anschließend die Kapern, Zitronenfilets und die Tomatenwürfel hinein; mit etwas Pfeffer und jodiertem Salz abschmecken. Die Sauce reicht man extra.

„Na, hast du Lust auf diese Fischgerichte bekommen?
Mir läuft schon das Wasser im Munde zusammen.
Manche dieser Gerichte schmecken nicht nur gut, sondern sehen auf dem Teller auch so gut aus, daß sie dir und deinen Eltern bestimmt gefallen werden.
Außerdem ist Fisch gesund, da er viel Jod und essentielle Fettsäuren enthält.
Das weißt du ja schon."

Aber leider enthalten manche Fischarten Schadstoffe, die eben nicht gesund sind. Beim Fisch handelt es sich hierbei in erster Linie um Umweltgifte (nicht natürliche Inhaltsstoffe). Diese Art der Schadstoffbelastung unserer Lebensmittel wird in Kapitel 4 genauer beschrieben. Du erfährst dort auch, was du tun kannst, um möglichst wenig Umweltgifte mit der Nahrung aufzunehmen; denn auch das gehört zur gesunden Ernährung.

Eine weitere Voraussetzung für gesunde Ernährung ist, daß man abwechslungsreich ißt, um die einseitige Belastung sowohl mit unerwünschten natürlichen Inhaltsstoffen (z. B. Oxalsäure in Spinat) als auch mit Umweltgiften zu verhindern. Außerdem muß das Essen richtig zubereitet werden.

Das folgende Beispiel verdeutlicht dir, warum das so wichtig ist.

Beispiel:[1]

– Bratkartoffeln mit Spinat und Spiegelei –

unerwünschte natürliche Stoffe:
zuviel Cholesterin im Eigelb
Oxalsäure im Spinat

„problematische"
Stoffe

unerwünschte umweltbedingte Stoffe:
Nitrat im Spinat
– Speichel kann Nitrat in <u>Nitrit</u> umwandeln
– längeres Warmhalten von Spinat führt zur
  Entstehung von <u>Nitriten</u>
– im (sauren) Magen können <u>Nitrosamine</u>
  entstehen
===> krebserregende Stoffe

mäßig genossen: hochwertig = gesund

– Eiweiß   –> hochwertig (aus: Eiweiß, Kartoffeln, Spinat)
– Kohlenhydrate –> z. B. Stärke aus Kartoffeln
– Ballaststoffe
– Mineralstoffe ————> vorwiegend aus Spinat und Kartoffeln
– wichtige Vitamine

übermäßig genossen: mögliche Schäden

                durch:
kurzfristig   –> Oxalsäure: Oxalatsteine (= Nierensteine)
langfristig   –> zuviel Cholesterin: Herz- und Kreislaufschäden
                                (Arteriosklerose)

übermäßig genossen und falsch zubereitet: mögliche Schäden

                durch:
langfristig   –> Nitrite –> Nitrosamine: Krebs   insbesondere
                (wieder Aufkochen oder Warmhalten)   bei genetischer
                                                            Veranlagung
                –> oxidierte Fettsäuren (Braten): Krebs

---

[1] Nach einer Idee und einem Entwurf von: Dr. med. Kurt E. J. Dittmar,
Gesellschaft für Biotechnologische Forschung mbH in Braunschweig

3.9 Dein eigener Weg
zur gesunden Ernährung

Du weißt ja, daß wir alle verschieden sind. Deshalb mußt du deinen eigenen Weg zur gesunden Ernährung gehen. Am besten beginnst du damit, daß du mit Hilfe des Selbstbeobachtungsbogens in diesem Buch überprüfst, ob du alle Nährstoffe in ausreichender Menge zu dir nimmst. Weil du diesen Bogen mehrmals anhand der Lebensmitteltabellen ausfüllen mußt, liegt er lose in diesem Buch. So kannst du ihn besser fotokopieren. Auf der Rückseite des Bogens wird dir erklärt, wie du ihn ausfüllen mußt.

Am besten füllt jeder in deiner Familie eine Woche lang diese Bögen aus. Wer sich bis zum Ende der Woche am gesündesten ernährt hat, bekommt dann vielleicht einen kleinen Preis.

Das gleiche könntest du auch zusammen mit deinen Mitschülern und Lehrern machen.

Du brauchst auf jeden Fall die Hilfe deiner Eltern oder Lehrer dabei. Wir konnten für dich leider nicht alle Lebensmittel fotografieren, die es gibt. Wenn du einmal etwas essen willst, was in diesem Buch nicht abgebildet ist, so übernimm einfach die Angaben eines ähnlichen Nahrungsmittels.

Solltest du am Ende der Woche feststellen, daß du z. B. zu wenige Vitamine, aber zu viele Kalorien aufgenommen hast, müßtest du etwas verändern, um noch mehr POWER zu bekommen. Du solltest dir die Mainzelmännchengeschichten noch einmal durchlesen und überlegen, bei welcher Mahlzeit du am ehesten etwas verändern könntest. Mit dieser Mahlzeit fängst du an und überprüfst nach einiger Zeit, ob du nun besser abschneidest. Dann machst du eventuell mit der nächsten Mahlzeit weiter, wieder mit der nächsten und so weiter, bis du deinen Weg gefunden hast und mit dem Ergebnis zufrieden bist. Viel Spaß und Erfolg dabei!

Wenn du nicht nur deine Ernährung umstellen, sondern zudem noch abnehmen willst, sind die Verkehrsschilder für dich von besonderer Bedeutung. Sie zeigen die Nährstoffdichte eines Lebensmittels an. Die ist besonders wichtig, wenn du weniger ißt. Lebensmittel mit einem „Erlaubt"- oder „Vorfahrt"-Schild solltest du beim Abnehmen auf jeden Fall bevorzugen, damit du nicht an POWER verlierst.

Die Mainzelmännchen müssen sich jetzt leider von dir verabschieden. Jedes von ihnen geht nun so wie Conni mit viel POWER seinen eigenen Weg in eine gesunde Zukunft.

„Tschüs"

4. Schadstoffe in Lebensmitteln

von: Werner Lauterbach

Literatur:

1. „Katalyse" – Umweltgruppe Köln (Hrsg): Chemie in Lebensmitteln. Köln 1982
2. Menden, Prof. Dr., Erich (Hrsg.): Wie funktioniert das? Die Ernährung. Meyers Lexikonverlag, Mannheim 1990
3. Schlieper, Cornelia A.: Grundfragen der Ernährung. 11., völlig überarbeitete, erweiterte Auflage, Dr. Felix Büchner Verlag, Hamburg 1992

4.1 Schadstoffe und ihre Wirkung

4.1.1 Schwermetalle

a) Blei
Blei gelangt aus Industrieanlagen und durch die Abgase der Autos in die Luft. Noch heute gibt es bleihaltige Benzinarten. Folglich findet man entlang der Autobahnen und Hauptverkehrsstraßen die höchsten Blei-Konzentrationen in der Luft und auf dort wachsenden Obst- und Gemüsesorten.
Eine ständige Bleiaufnahme (auch in geringen Mengen) führt zu einer chronischen Bleivergiftung. Ihre Anzeichen sind Müdigkeit, Appetitlosigkeit, Kopfschmerzen und Blässe. Besonders bei Kindern kommt es zu schweren Hirnschäden.

b) Cadmium
Menschen nehmen Cadmium indirekt, also beim Verzehr von belasteten Nahrungsmitteln auf. Besonders belastet sind Wildpilze, Leber und Nieren von Schweinen und Rindern sowie Tintenfische. Cadmium lagert sich beim Menschen hauptsächlich in den Nieren und der Leber ab und führt in den Nieren zu Funktionsstörungen, die mit dem Tod enden können.

c) Quecksilber
Quecksilber ist z. B. enthalten in bestimmten Farben, Batterien und Thermometern; es gelangt in die Umwelt durch Müllverbrennungsanlagen und ungeklärte Abwässer.
Pflanzen enthalten im allgemeinen wenig oder kein Quecksilber. Besonders belastet aber sind die Fische aus den Mündungsgebieten der großen Flüsse (z. B. Elbe und Weser), große Fische (z. B. Thunfisch und Hai), die am Ende der Nahrungskette stehen, und Muscheln. Quecksilber wird zu großen Teilen im Gehirn gespeichert und wirkt als Nervengift. Bei chronischer Vergiftung kommt es zu Gedächtnis- und Konzentrationsstörungen.

4.1.2 Chlorkohlenwasserstoffe (CKW)

Die langlebigsten CKW sind DDT und Lindan. DDT wurde zur Malariabekämpfung in den Tropen und Subtropen eingesetzt und ist seitdem weltweit verbreitet: Es wurde sowohl in der Arktis bei Eisbären wie auch in der Antarktis bei Pinguinen in erstaunlich großen Konzentrationen nachgewiesen. Lindan ist giftiger als DDT und wurde bis zum Verbot einiger CKW in Deutschland in großen Mengen als Insektizid eingesetzt.

Eine längere DDT-Einwirkung führt zu einem erhöhten Krebsrisiko. CKW werden im Fettgewebe gespeichert und beim Fettabbau wieder freigesetzt (Muttermilch, Fastenkuren).

Zu den CKW gehören auch die Dioxine, unter ihnen das „Seveso-Gift". Dioxine entstehen u. a. bei der Verbrennung von PVC; und in Autoabgasen sind sie auch enthalten. Dioxine gehören zu den giftigsten Stoffen überhaupt; sie sind nachweislich stark krebserregend.

4.1.3 Pestizide

Pestizide sind sogenannte Pflanzen'schutz'mittel. Sie wirken gegen Insekten (Insektizide), „Wildkräuter" (Herbizide), Pilze (Fungizide) oder als Wachstumshemmer. Man unterscheidet vier große chemische Gruppen, unter ihnen CKW (krebserregend) und Phosphorsäureester, z. B. E 605 (hochgiftig).

4.1.4 Stoffe aus der Tierhaltung

In der industriellen Massentierhaltung wird eine große Anzahl von legalen und verbotenen (Stichwort: „Kälbermastskandal") Arzneimitteln und Futtermittelzusätzen eingesetzt. Von allen verwendeten Stoffen hat man mehr oder weniger häufig Rückstände im Fleisch nachweisen können.

Verwendet werden u. a. Antibiotika, Tranquilizer und natürliche und synthetische Östrogene. Besonders schädlich ist das synthetische Östrogen Diäthylstilböstrol, weil es (u. a.) bei Frauen zu Störungen des Zyklus und bei Männern zu Unfruchtbarkeit (Sterilität) führen kann. Außerdem ist es krebserregend.

4.1.5 Polyzyklische aromatische Kohlenwasserstoffe (PAK)

PAK (z. B. Benzpyren) sind stark krebserregend. Sie entstehen bei der unvollständigen Verbrennung von Holz, Kohle und Erdölprodukten, aber auch beim Rauchen und beim Räuchern und Grillen von Fleisch.

4.2 Die Wege der Schadstoffe in die Nahrungsmittel

4.2.1 Belastung der Nahrungsmittel durch allgemeine Umweltverschmutzung

In der Luft befinden sich etwa 3000 Schadstoffe. Alle können sich auf den Pflanzen ablagern oder in den Boden gelangen und von dort wieder in die Pflanzen.

– Beispiel Blei:
  In der Nähe von Autobahnen sind nicht nur Obst und Gemüse mit Blei belastet, sondern auch das Gras. Wenn Kühe dieses Gras fressen, enthält auch ihre Milch Bleirückstände.

– Beispiel Quecksilber:
  Durch unzureichend geklärte Abwässer gelangen Quecksilber-Verbindungen in die Flüsse und ins Meer. Dort reichern sie sich in der Nahrungskette Plankton – kleine Fische – große Fische (Thunfisch) an.

4.2.2 Belastung der Nahrungsmittel in der Landwirtschaft durch den Einsatz von Chemikalien und anderen Stoffen

– In der modernen „industriellen" Landwirtschaft werden regelmäßig große Mengen an Pestiziden eingesetzt. Pestizide finden Verwendung im Obst-, Gemüse-, Getreide-, Kartoffel- und Futteranbau. Apfelplantagen etwa werden bis zu zwölf mal pro Jahr gespritzt.
– In der Tierhaltung werden verschiedenste Stoffe zur Ertragssteigerung verwendet (s. 4.1.4)

4.2.3 Belastung der Nahrungsmittel bei der Lagerung, beim Verkauf und bei der Weiterverarbeitung

– Kartoffeln werden mit Chemikalien, die die Keimung verhindern, behandelt.
– Obst- und Gemüsestände im Freien an stark befahrenen Straßen sind Autoabgasen ausgesetzt.
– Viele Lebensmittel enthalten Konservierungsstoffe
  (z. B. Brotsorten)
– Auf eine Auflistung aller erlaubten Zusatzstoffe in der Lebensmittelverarbeitung wird hier aus Platzgründen verzichtet. Sie müssen

aber – im Gegensatz zu den Schadstoffen aus der Umwelt und Landwirtschaft – auf der Packung angegeben werden.

4.3 Reduzierung der Schadstoffe in Nahrungsmitteln

Bei der derzeitigen Situation der allgemeinen Umweltverschmutzung ist ein Entrinnen vor den Giften/Schadstoffen in Nahrungsmitteln kaum möglich. Dies gilt besonders für die Schwermetalle aus der Luft und dem Wasser.

4.3.1 Tips zur Reduzierung der Schwermetalle

– Die Bleibelastung verringert man bis zu 80% durch folgende Maßnahmen:
– Obst sollte man wenn möglich schälen oder sehr gründlich waschen (bes. Pfirsiche).
– Bei Kohl und Salat entfernt man die äußeren Blätter.
– Besonders sorgfältig waschen sollte man Gemüsesorten, die viel Blattoberfläche besitzen (z. B. Grünkohl, Spinat, Petersilie).
– Deutlich weniger Cadmium nimmt man zu sich, wenn man:
   • Wildpilze nur selten verspeist.
   • auf Leber und Niere vom Schwein oder Rind möglichst verzichtet.
– Die Quecksilberbelastung senkt man durch den Verzicht auf stark belastete Fischarten und Muscheln.

4.3.2 Tips zur Reduzierung anderer Schadstoffe

Schadstoffe aus der Landwirtschaft in unseren Nahrungsmitteln kann man (fast) ganz umgehen durch einen Umstieg auf Nahrungsmittel aus biologisch/ökologischem Anbau.
Obst, Gemüse, Getreide und Kartoffeln aus biologisch/ökologischem Anbau werden nicht gespritzt, d. h. der Einsatz von Pestiziden findet nicht statt. Die Produkte aus dem biologisch/ökologischen Anbau sind folglich im allgemeinen nicht nur rückstandsfrei, sondern enthalten aufgrund der biologischen Düngung mehr Vitamine, Mineralstoffe und Ballaststoffe. (Außerdem schmecken sie besser: probiere rohe Möhren im Vergleich!)
Untersuchungen auf Rückstände bei biologisch/ökologischen und konventionellen Obst- und Gemüseproben bestätigen die Unterschiede:

nur 1,5% der Proben aus biologischem Anbau enthielten Rückstände, dahingegen 40% der konventionellen Proben.

Daß nicht alle Proben aus biologischem Anbau rückstandsfrei sind, läßt sich mit der allgemeinen Umweltverschmutzung erklären, die darauf zurückzuführen ist, daß vom benachbarten konventionellen Acker Pestizide herübergeweht werden.

Die Tierhaltung in der biologisch/ökologischen Landwirtschaft unterscheidet sich in ganz entscheidenden Punkten von der Massentierhaltung:

– Die Tiere bekommen nur Futter aus dem eigenen – biologisch/ökologischen – Anbau.

– Bio-Bauern verwenden keine verbotenen Masthilfsmittel (z. B. synthetische Östrogene)

– Medikamente werden den Tieren äußerst sparsam und verantwortungsbewußt verabreicht.

Die Ergebnisse dieser Tierhaltung:

– Fleisch, Milch und Eier sind deutlich geringer oder gar nicht mit Rückständen von Schadstoffen belastet.

Ganz vermeiden lassen sich Rückstände von Schadstoffen in Lebensmitteln nicht; doch durch verantwortungsvolles Verhalten kann jeder einzelne für sich die Belastung mit Schadstoffen und Giften deutlich verringern.

5. Hunger in unserer Welt?
Wieso? Weshalb? Warum?
Ist die Welt nicht dumm?

von: Taylan Güleryüz, Peter Helm, Martin Lang, Frank Pollmeier, Christopher Porter, Helge Scholz, Sergej Schwindt, Dimitri Unruh und Andreas Werner (Grundkurs Erdkunde, 12. Jahrgang)

Literatur:

1. Cornelsen Verlag (Hrsg.): Geographie 12/13. Reihe: Mensch und Raum. Berlin 1994

2. Hanle, Adolf (Hrsg.): Meyers Enzyklopädie der Erde. Bibliographisches Institut AG, Mannheim 1983

3. Schlieper, Cornelia A.: Grundfragen der Ernährung. 11., völlig überarbeitete, erweiterte Auflage, Dr. Felix Büchner Verlag, Hamburg 1992

4. Westermann Verlag (Hrsg.): Die Dritte Welt. Entwicklungsländer in der Krise. 1.Aufl. Braunschweig 1993

Ich war hungrig,
   und Ihr habt meine Nahrungsmittel
   Eurem Vieh gefüttert.

Ich war hungrig,
   und Ihr wolltet nicht auf das
   Steak aus Südamerika verzichten.

Ich war hungrig,
   und Eure Konzerne pflanzten
   auf meinen besten Böden
   Eure Wintertomaten.

Ich war hungrig,
   aber wo Reis für meine täglichen
   Mahlzeiten wachsen könnte,
   wird Tee für Euch angebaut.

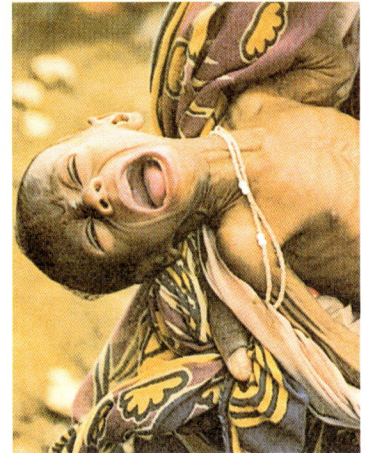

aus: Literatur Nr. 1

Ich war hungrig,
   aber Ihr habt aus Zuckerrohr
   und Maniok Treibstoff für
   Eure Autos destilliert.

Ich war hungrig,
   aber die Abwässer Eurer Fabriken
   vergiften die Fischgründe.

Ich war hungrig,
   aber mit Eurem Geld habt Ihr mir die
   Nahrungsmittel weggekauft.

Ich war hungrig,
   aber für Eure Schlemmer
   werden exotische Früchte auf
   meinem Land angebaut.

aus: Literatur Nr. 2

Ich war hungrig,
   aber Ihr habt mir nicht
   zu essen gegeben.

von Bertold Burkhardt
aus: Literatur Nr. 3

a) Beschreibe deine Gefühle beim Lesen des Textes.

b) Vergleiche die beiden Bilder und erkläre,
   was sie mit dem Text zu tun haben.

5.1 Kolonialismus als eine der Ursachen der Unterentwicklung

Als vor etwa 500 Jahren Christoph Kolumbus Amerika neu entdeckte, kam es zur Besiedlung dieses Erdteiles. Seit dieser Zeit segelten unsere Vorfahren um die ganze Welt, um überall Besitz von noch unerforschten Ländern zu nehmen.

Unter den seefahrenden Nationen entstand im Laufe der Jahrhunderte ein Konkurrenzkampf mit dem Ziel, möglichst viele Länder für sich zu besitzen. In diesen Ländern, die vor allem in Afrika, Lateinamerika und Südostasien liegen, wurden kleine Stationen errichtet, von wo aus dann das Land erkundet wurde. Diese Stationen entwickelten sich im Laufe der Zeit zu größeren Kolonien, da aus dem Mutterland immer mehr Menschen in diese Länder kamen.

Es hatte sich nämlich schnell herumgesprochen, daß es in Übersee zahlreiche Möglichkeiten gab, sein Leben besser zu gestalten. Zu Hause herrschte vielfach Hunger und Armut. Viele der Kolonialisten – so nannte man die Auswanderer – verkauften ihr gesamtes Hab und Gut und wanderten in die neu entdeckten Länder aus. Die Ureinwohner in diesen Ländern versuchten, sich gegen die Eindringlinge zu wehren; sie hatten aber kaum eine Chance. Vielfach versuchte man, sie durch Geschenke zu beruhigen. Schnell hatten die Einwanderer erkannt, daß es in den Kolonien Rohstoffe gab, die ihnen Reichtum und Ansehen verschaffen konnten. So verfügten und verfügen noch heute viele dieser Länder über Gold, Diamanten oder andere Bodenschätze. Diese Rohstoffe wurden mit Hilfe der einheimischen Bevölkerung, die man als Sklaven benutzte, zu Tage gefördert und in die Mutterländer verschickt. Dadurch wurden diese Länder immer reicher, während die Kolonien in ihrer Entwicklung mehr oder weniger stehen blieben. Als man dann auch noch begann, den Ureinwohnern ihre Ackerflächen wegzunehmen, um dort z. B. exotische Früchte und Baumwolle anzubauen, wurden viele Bewohner vertrieben oder mußten als Sklaven auf den Plantagen der Kolonialisten arbeiten.

Die Folge war, daß diese Länder immer ärmer (heute die Entwicklungsländer), und die Herrscher über die Kolonien immer reicher (heute die Industrieländer) wurden.

Obwohl es schon lange keine Kolonien mehr gibt, hat sich für die armen Länder nur wenig verändert, da andere Probleme die Lebensqualität weiter einschränken.

5.2 Probleme der armen Länder

Die Probleme der Entwicklungsländer sind sehr vielschichtig und stark verbunden mit den Interessen der Industrieländer. In diesem Kapitel sollen nur einige wenige aufgezeigt werden, wobei insbesondere auf die Enährungslage und die Situation in den Städten eingegangen wird.

5.2.1 Bevölkerungswachstum, Mangelernährung und Kindersterblichkeit

Die Weltbevölkerung ist jahrtausendelang nur sehr langsam gewachsen. Seit dem Ende des zweiten Weltkrieges ist es bis heute zu einem Anstieg um 2,5 Mrd. Menschen gekommen, d. h., daß sich die Weltbevölkerung seit 1945 fast verdoppelt hat. Einen wesentlichen Anteil daran haben die Entwicklungsländer. Was bedeutet dies nun für diese Länder? Je mehr Menschen ein Land hat, um so mehr Nahrung muß vorhanden sein. Da diese Länder jedoch wenig Möglichkeiten haben, die Bevölkerung ausreichend zu ernähren, kommt es vielfach zu Erkrankungen, die durch Mangelernährung oder durch einseitige nährstoffarme Ernährung ausgelöst werden. Besonders davon betroffen sind Kinder, die durch die Schwächung des Immunsystems (Abwehrsystem des Körpers) sehr anfällig gegenüber Infektionskrankheiten wie Masern oder Cholera werden. Dadurch bedingt, durch mangelnde hygienische Zustände und durch die schlechte ärztliche Versorgung kommt es in den Entwicklungsländern zu einer hohen Kindersterblichkeit, insbesondere bei Kindern im Alter von 0 bis 5 Jahren. Weil diese Kinder nicht genügend Eiweiß erhalten, wachsen sie nur langsam, und Wunden heilen nicht schnell genug. Darüber hinaus führt der Mangel an Eiweiß auch zu Konzentrationsschwäche und verminderter Leistungsfähigkeit, wodurch der geistige Verfall bereits vorprogrammiert ist. In der Sprache der Ghanaer (Ghana, ein Land in Zentralafrika) heißt Eiweißmangelernährung „Kwashiorkor", und dies bedeutet erste und zweite. Die Krankheit bekommt meist das erste Kind. Wenn das zweite Kind geboren wird, bekommt das erste Kind von der Mutter keine Muttermilch mehr (da jetzt nur noch das zweite Kind gestillt wird). Das erste Kind bekommt dann nur noch Hirsebrei oder Kochbananen, die zwar genügend Kalorien besitzen, aber zuwenig Eiweiß enthalten. Dadurch kann es dann zu den oben genannten Krankheiten kommen.

Die Auswirkungen durch Eiweißmangel sind jedoch nur eine Erscheinung der Mangelernährung. Durch das Fehlen von Vitaminen und

Mineralstoffen in der täglichen Nahrung kommt es in den Entwicklungsländern häufig noch zu zahlreichen anderen Erkrankungen. Nicht selten erblinden Kinder durch den Mangel an Vitamin A.

5.2.2 Verstädterung

Eines der größten Probleme in den armen Ländern ist die zunehmende Verstädterung, d. h., daß immer mehr Menschen in Städten leben. Von 1965 bis 1990 stieg in den Entwicklungsländern die Stadtbevölkerung von 625 Mio. um 177% auf 1824 Mio. an. Im gleichen Zeitraum verzeichneten die Industrieländer einen Bevölkerungsanstieg von 38%. Noch beängstigender ist in den Entwicklungsländern das explosive Wachstum in den Metropolen, den Haupt- und Millionenstädten. In diesen Städten konzentriert sich oftmals ein Viertel der gesamten Bevölkerung eines Landes. Es gibt Entwicklungsländer, wie z. B. Peru oder Ghana, in denen fast die Hälfte der Gesamtbevölkerung in zwei bis drei Metropolen lebt. Die eigentliche Bevölkerungsexplosion findet also vor allem in diesen Riesenstädten statt.

Es stellt sich die Frage, warum so viele Menschen vom Land in die Stadt ziehen. Die Ernährungs- und Gesundheitsverhältnisse auf dem Lande sind katastrophal, und Arbeit fehlt. Die Menschen hoffen, in den Städten ein besseres Leben vorzufinden. Die Städte wirken auf die Landbevölkerung also wie ein Magnet. Dies nennt man Landflucht.

In den Städten angekommen stellen die Menschen jedoch schnell fest, daß ihre Vorstellungen nicht mit der Wirklichkeit übereinstimmen. Erstens ist nicht genug Arbeit für alle Bewohner da, zweitens bekommen sie keine Wohnungen, ja nicht einmal ein Platz zum Schlafen steht ihnen zur Verfügung. So entwickelten sich im Laufe der Jahre an den Stadträndern der Metropolen die sogenannten Slums, in denen sich die Menschen allenfalls *aufhalten,* denn von *Wohnen* kann dabei keine Rede sein. Slums bestehen vielfach aus kleinen Wellblechhütten oder aus Pappkartons, unter denen die Menschen Schutz suchen. Die hygienischen Verhältnisse sind katastrophal. In einigen Städten haben die Stadtverwaltungen bereits versucht, durch Aufstellen von Containern oder Holzhütten das Leben in den Slums zu verbessern. Kennzeichnend für die Metropolen ist, daß es dort einige sehr reiche und sehr viele arme Menschen gibt. Die Kriminalitätsrate und die Arbeitslosigkeit sind extrem hoch. Die Kinder sind sich selbst überlassen und werden zum Stehlen oder zur Annahme von Gelegenheitsarbeiten gezwungen. Für die Schule

haben die Eltern kein Geld, so daß in den Entwicklungsländern viele
Menschen nicht lesen und schreiben können.

5.3 Problemlösungsversuche

Die Unterschiede hinsichtlich der Lebensbedingungen bei uns und in
den Entwicklungsländern (man spricht auch von der „Dritten Welt")
sind sehr groß. Wir genießen es, zu allen Jahreszeiten frisches Obst
und Gemüse zu haben. Bananen, Kakao und Kaffee gehören inzwischen zur normalen Ernährung. Wir sollten uns darüber Gedanken
machen, unter welchen Bedingungen diese Produkte geerntet
wurden, und wie wenig die Bevölkerung in den Entwicklungsländern
von dem erzielten Geld bekommt. Ca. 98% der Einnahmen wandern
in die Kassen der großen internationalen Konzerne, die den Weltmarkt beherrschen.

Damit diese Ungerechtigkeiten zumindest etwas gelindert werden,
versuchen die Regierungen der Industrieländer und die caritativen
Institutionen (z. B. die Kirchen und das Rote Kreuz), durch Entwicklungshilfe die Lebensbedingungen in den Entwicklungsländern zu
verbessern.

Doch dies kann nicht immer gelingen, denn oftmals bewirkt auch gut
gemeinte Hilfe das Gegenteil.

5.3.1 Formen der Entwicklungshilfe

Man unterscheidet verschiedene Formen der Entwicklungshilfe:

a) Nicht gezielte Hilfe

Hierbei handelt es sich um Hilfen in Form von Geld und Material,
dessen Verbleib meistens nicht kontrolliert werden kann. Diese Art
der Entwicklungshilfe ist durch den Mißbrauch, der in den
Empfängerländern damit getrieben werden konnte (Waffenkauf, Bau
von Regierungspalästen etc.), inzwischen kaum noch verbreitet.

b) Gezielte Hilfe

Dies sind Hilfslieferungen in Form von Geld oder Material, die für
ganz bestimmte Projekte in dem zu unterstützenden Land gedacht
sind. Diese Art der Hilfe kommt in der Regel auch dort an, wo man

sie einsetzen will. Zwar erscheint dies günstig; trotzdem gibt es immer wieder Probleme bei der Umsetzung der Hilfsmaßnahmen. So werden vielfach die Menschen in den Städten erreicht, die auf dem Lande Lebenden gehen jedoch wieder leer aus. Dies verstärkt natürlich die oben erwähnte Landflucht. Ein anderes Problem stellt sich dann, wenn die gut gemeinten Hilfsmaßnahmen nicht verwendet werden können. Dies geschieht zwangsläufig, wenn man z. B. Nahrungsmittel anbietet, die in den betreffenden Ländern völlig unbekannt sind. Noch schlimmer wird es aber, wenn Hilfslieferungen zu Krankheiten führen – so geschehen, als man Trockenmilchpulver in eine Region lieferte, in der das Trinkwasser in einem sehr schlechten Zustand war. Den Kindern wurde Milch gegeben, die mit dem verseuchten Wasser angerührt worden war.

Wichtiger und auf Dauer wirksamer ist jedoch die *Hilfe zur Selbsthilfe.* Hierbei wird der Bevölkerung in den Entwicklungsländern gezeigt, wie sie ihre Situation selbst verbessern können. Unter anderem geschieht dies durch gezielte Ernährungsberatung und Gesundheitsaufklärung. Denn, Bildung und Wissen beeinflussen nun einmal das Bewußtsein der Menschen: Die Betroffenen erkennen, daß durch Änderung ihrer Gewohnheiten unter Umständen die Lebensqualität verbessert wird. Wichtig ist, daß solche Hilfe zur Selbsthilfe immer auf die regionalen und kulturellen Gegebenheiten Rücksicht nehmen muß. So lernen die Menschen z. B., wie eine sachgerechte, den klimatischen Bedingungen angepaßte Vorratshaltung möglich ist und wie man Düngemittel zielgerecht einsetzt. Auch werden Aufklärungsmaßnahmen zu den Themen Geburtenkontrolle, Gesundheit und Ernährung, Hygiene sowie Säuglings- und Kinderpflege durchgeführt.

Auch kann und sollte man den Menschen zeigen, welche Produkte auf den Ackerböden gut gedeihen, und wie man die landwirtschaftlichen Flächen optimal nutzt. Dadurch wird dazu beigetragen, daß Teile der Bevölkerung sich selbst versorgen können, und daß die Menschen durch die Arbeit, die sie nun wieder haben, eine bessere Einstellung zum Leben bekommen.

Die beste Hilfe ist die Hilfe, die den Menschen zeigt, wie sie es schaffen können, ihr Leben mit den vorhandenen natürlichen und gesellschaftlichen Gegebenheiten positiv zu gestalten.

5.3.2 Jeder von uns kann helfen: *Transfair* – ein Beispiel

Entwicklungshilfe ist in der Regel eine Hilfe, die von den Regierungen und sozialen oder caritativen Institutionen organisiert und durchgeführt wird. Doch auch jeder von uns kann etwas für die Menschen in den armen Ländern tun. Dies ist nicht einmal kompliziert. Beim täglichen Einkauf von Kaffee, Tee, Kakao, Schokolade oder auch Honig, sollte man auf das Transfair-Siegel achten. Es steht für einen fairen Handel.

Im Jahre 1993 wurde in Deutschland dieses Siegel eingeführt. Die Organisatoren, der Verein Transfair e. V. in Köln, wollen zusammen mit anderen Organisationen in Europa den Kleinbauern in den betroffenen Ländern helfen, einen fairen Preis für ihre Rohstoffe zu erzielen. Das erste Produkt, das auf diese Weise an den Verbraucher gebracht wurde, war der Kaffee.

Kaffeeanbau erfordert viel Arbeit: Pflege der Pflanzen, Ernte und Verarbeitung der Kaffeekirschen. So werden viele Kleinbauern in Guatemala, die vom Kaffeeanbau leben, immer ärmer, weil die Produktionskosten kaum gedeckt werden. Die Preise, die den Bauern von den Zwischenhändlern, die über die Transportfahrzeuge verfügen, gezahlt werden, sind lächerlich gering. Auf der langen Kette zum Verbraucher verdienen bisher viele – die eigentlichen Erzeuger verdienen jedoch so gut wie nichts.

Transfair hat nun geholfen, die einzelnen Bauern durch Aufbau eines Genossenschaftssystems zu einer größeren Gruppe zusammenzuführen. Die Zwischenhändler wurden dabei ausgeschaltet und ein eigenes Transportsystem aufgebaut. Darüber hinaus hat Transfair durch Verträge mit großen Röstereien dafür gesorgt, daß die Abnahme des Kaffees in Europa gesichert ist. Deshalb können diese Genossenschaften für ihren Kaffee einen fairen Preis erzielen, der sich am Weltmarkt orientiert. Mit den Geldern wurden von den Genossenschaften oder Kooperativen Schulen und kleine Krankenstationen gebaut. Die Kleinbauern werden von europäischen Experten geschult: Sie sollen eine ökologische und umweltgerechte Anbaumethode gewährleisten, die möglichst auf Düngemittel und Pflanzenschutzmittel verzichtet.

Die Kooperativen werden demokratisch von den Mitgliedern verwaltet. Die wesentlich höheren Einnahmen sichern die Familien in sozialer Hinsicht ab.

Hinter Transfair stehen inzwischen auch viele soziale Organisationen, wie z. B. „Brot für die Welt", UNICEF, das Kinderhilfswerk der Vereinten Nationen, der kirchliche Entwicklungsdienst, Aktion Arme Welt, Frente de Cafetaleros Solidarios de America Latina und andere.

Die abgebildeten Waren sind Genußmittel. Davon sollte man nicht zu viele zu sich nehmen. Wenn man die bisherige Menge verringert, lebt man gesünder und bekommt für das gleiche Geld wie vorher „faire" Waren. Deshalb gilt:

Weniger ist mehr; denn es ist gesund und fair!

KAFFEE

TEE

KAKAO und
SCHOKOLADE

6. Mehr Gesundheit durch Sport

von: Jürgen Götte

6.1 Ursachen und Folgen der Bewegungsarmut

Die fortschreitende Automatisierung und Technisierung unserer Gesellschaft haben zu einer grundsätzlichen Veränderung des Lebensstils und der Umwelt geführt. So sind z. B. den Kindern immer mehr Bewegungsmöglichkeiten verlorengegangen, die Straßen stehen ihnen nicht mehr als natürliche Spiel- und Bewegungsflächen zur Verfügung, statt dessen müssen sie sich häufig in engen Wohnungen oder auf abgegrenzten Spiel- und Sportflächen bewegen. Diese und weitere Entwicklungen (Fernsehen, Computer, technisiertes Spielzeug) reduzieren die tägliche Bewegungszeit, verursachen eine immer größer werdende Bewegungsarmut und nehmen den Heranwachsenden die Möglichkeit, die Welt mit allen Sinnen zu erfahren.

Die Folgen dieser Bewegungsarmut sind zur Genüge bekannt:

Sehr viele Kinder und Jugendliche weisen Haltungsstörungen und -schwächen auf, die auf ein Mißverhältnis zwischen Belastung und Belastbarkeit des Muskel – Skelettsystems herrühren, wobei Übergewicht, Koordinationsmängel und Herz – Kreislauferkrankungen diesen Prozeß noch verstärken. Als weitere Begleiterscheinungen müssen auch Wahrnehmungs- und Konzentrationsstörungen sowie motorische Unruhe und vielfach Aggression genannt werden.

Ausgehend von einem ganzheitlichen Verständnis von Gesundheit ist sich die Wissenschaft einig, daß gerade bei Kindern die körperliche und motorische Entwicklung auch eng mit der psychischen und sozialen Befindlichkeit verknüpft ist und körperliche Aktivität die aktuelle Befindlichkeit der Kinder beeinflußt (vgl. D. Brodtmann, Sportpädagogik 5/91, s. 16ff.).

6.2 Sport und Gesundheitserziehung

In dem genannten Kontext bietet nun der Sport ein Betätigungsfeld mit vielfältigen Möglichkeiten zum gesundheitsbedeutsamen Handeln, wobei über die kurzfristige Gesundheitsförderung hinaus die Anbahnung von langfristig wirksamen Lernprozessen zum gesunden Umgang mit dem Körper anzustreben ist. Dieses zentrale Ziel verfolgt die lobenswerte gemeinsame Initiative „Gesundheitserziehung in der Schule durch Sport" des Kultusministeriums des Landes NRW und der AOK in NRW.

Eine gezielte und systematische Förderung der Gesundheit kann allerdings der Sportunterricht aufgrund der verfügbaren Unterrichtszeit und einer Vielzahl weiterer Aufgaben nur begrenzt leisten, weshalb – ausgehend von einem ganzheitlichen Bildungsauftrag – der Gesundheitsaspekt auch in allen anderen Fächern sinnvoll integriert werden muß.

Nur auf diese Weise kann es gelingen, Kinder und Jugendliche für gesundheitlich bedeutsame körperliche, seelische, soziale und ökologische Zusammenhänge zu sensibilisieren und für den Erwerb von entsprechenden Kenntnissen und Einsichten aufzuschließen. Damit erhalten sie einen Ansatzpunkt und eine Orientierungshilfe für die Entwicklung eines individuellen Gesundheitsbewußtseins, der sie vielleicht aus gesundheitlichen Motiven dem Sport zuwenden läßt.

6.3 Präventives Training und gesunde Lebensführung

Um den genannten negativen Auswirkungen eines technisierten Lebens entgegenzuwirken und um in einer Umwelt, in der sie mit einer Vielzahl gesundheitlich bedrohlicher Einflüsse konfrontiert werden, gesund zu bleiben, müssen Kinder und Jugendliche sich auch in ihrer Freizeit erholen. Es gibt nun einmal „kein Medikament und keine andere Maßnahme, die einen dem körperlichen Training vergleichbaren Effekt besitzt" (Wildor Hollmann). Weitere Vorzüge des Sports sind die Verbindung von Freude an der Bewegung und am Spiel mit Unterhaltung und gemeinsamer Betätigung mit Freunden. Hierzu kann die Schule durch eine gute Zusammenarbeit mit Eltern und Sportvereinen wichtige Motivationshilfe geben und das sportliche Handeln der Kinder in eine bestimmte Richtung lenken.

Da es nichts gibt, das alle sportlichen Fähigkeiten gleichermaßen verbessert, kann es auch kein allgemeines Bewegungsprogramm geben, das für jeden gleich gut geeignet ist.

Deshalb können die folgenden Beispiele aus den Bereichen Ausdauer und Kraft nur eine erste Orientierung sein, wie mit geringem Aufwand die tägliche Bewegungszeit erhöht werden kann. Diese Vorschläge sollen besonders auch für die Kinder Hilfe und Ermutigung sein, denen die Teilnahme am Sport und Spiel in Schule und Freizeit verleidet wurde. Darüber hinaus sollen die individuelle Bewegungsfreude geweckt und Anreize geschaffen werden, auch die Angebote von Sportvereinen zu nutzen (z. B. Tag der offenen Tür, Schnupper- und Einführungskurse).

6.3.1 Grundregeln für den Anfang

Nicht jede Form des Sporttreibens ist gesund. Von einem gesundheitlich bedeutsamen Training kann überhaupt nur gesprochen werden, wenn ein paar Grundregeln beachtet werden.

Unter Beachtung dieser Regeln entwickelt sich mit der Zeit ein Körpergefühl, das eine individuelle Dosierung der Belastung beim Sporttreiben erleichtert.

– *langsam anfangen und Pausen einlegen!*
  Besonders wenn der Organismus nicht mehr an körperliche Belastung gewöhnt ist, muß er sich langsam wieder daran gewöhnen. Eine Überforderung schadet mehr als sie hilft. Es ist besser, zwischendurch immer wieder Erholungspausen einzulegen, als bis zur Erschöpfung zu laufen und dann aufzuhören.

– *Schritt für Schritt die Belastung steigern!*
  Bei allen Bewegungsarten werden am Anfang schnelle Fortschritte erzielt, die auch mit einem Muskelkater verbunden sein können. Damit der Organismus sich an die neue Situation anpassen kann, muß eine Steigerung Schritt für Schritt erfolgen.

– *regelmäßig belasten!*
  Um eine dauerhafte Steigerung der Leistungsfähigkeit zu erreichen und die Belastungen besser verkraften zu können, ist es wichtig, sich regelmäßig über einen längeren Zeitraum (nicht nur zwei Wochen Aktivität in den Ferien) zu bewegen.

– *Belastungen verändern!*
  Da auf die Dauer immer das gleiche Belastungsprogramm nur wenig effektiv und auch langweilig ist, sollen bei Interesse durchaus unterschiedliche Sportarten und Übungen ausprobiert werden.

6.3.2 Das Ausdauerprogramm

Die allgemeine aerobe Ausdauer bildet eine wichtige Voraussetzung für andere Sportarten und stärkt besonders Herz und Kreislauf, weshalb Ausdauertraining auch aus medizinischer Sicht empfohlen wird. Ausdauer wird hier im wesentlichen verstanden „als die Fähigkeit, sich über einen längeren Zeitraum zu bewegen und mit der auftretenden Ermüdung umzugehen" (vgl. den Beitrag von E. Balz u. a.: Ausdauersport in der Schule, in: Sportpädagogik 5/90, S. 18ff).

Das Angebot an Ausdauersportarten ist sehr vielfältig und ermöglicht unterschiedliche Zugangsweisen. Bei der Auswahl der Bewegungen gibt es kein „Richtig" oder „Falsch", sondern sie sollten lediglich Spaß machen. Bei der Ausdauerleistung geht es nicht um Zeitvorgaben („Laufen auf Zeit"), Mindeststrecken oder Wertungstabellen, sondern das persönliche Wohlbefinden ist die Richtschnur.

– Jogging

Die beste Bewegungsform, um die Ausdauer zu verbessern, ist Jogging. Der Begriff stammt aus dem Englischen und bedeutet „sich langsam bewegen" oder „dahintrotten". Jogging ist also ein bewußt ruhiges und gleichmäßiges Laufen, bei dem es nicht um Schnelligkeit geht. Die Tatsache, daß man 10 Minuten schwimmen oder 15 Minuten radfahren muß, um die Wirkung von 5 Minuten Joggen zu erzielen, verdeutlicht, daß es keine gleichwertige Alternative dazu gibt.

Um beim Joggen das richtige Tempogefühl zu entwickeln, sollten besonders zu Beginn Pulskontrollen durchgeführt werden. Dabei wird während oder direkt nach dem Joggen der Belastungspuls 15 Sekunden lang gemessen und mit dem Wert vier multipliziert. Die errechnete Zahl sollte nicht größer sein als 180 minus Lebensalter.

Um sich die Lust am Joggen auf Dauer zu erhalten, empfiehlt es sich, eine Freundin oder einen Freund zum Mitmachen zu überreden. Zudem fällt es viel schwerer, sich „zu drücken", wenn man verabredet ist.

Obwohl Joggen grundsätzlich überall betrieben werden kann, eignen sich am besten ebene Park- und Waldwege. Dort ist nicht nur die Luft besser, auch die Knochen und Gelenke werden nicht so strapaziert. Für die Lauftechnik ist wichtig, immer zuerst die Ferse aufzusetzen, bevor über den ganzen Fuß abgerollt wird.

Für Einsteiger hat sich ein 20 – Minuten – Programm bewährt, das im Ein – Minuten – Rhythmus zwischen Joggen und Gehen abwechselt und zweimal pro Woche absolviert wird. Mit der Zeit werden dann die Laufstrecken zunehmend länger, die Gehpausen nehmen ab.

Für geübte Läufer bringt das sogenannte „Fahrtspiel" eine willkommene Abwechslung in das Laufprogramm. Hierbei wird während des Joggens mehrmals das Tempo gewechselt (z. B. eine Minute zügig – zwei Minuten betont ruhig usw.).

– Schwimmen

Nicht jeder will durch die Gegend traben und fühlt sich statt dessen besonders im Element Wasser wohl. Seine Ausdauer kann er auch durch Schwimmen sehr gut verbessern, zumal durch den Wasserauftrieb die Gelenke und die Wirbelsäule entlastet werden. Grundsätzlich gibt es zwei Trainingsmöglichkeiten beim Schwimmen:

entweder ca. 15 Minuten ohne Pause zu schwimmen, oder nach dem „Intervallprinzip" zu üben, bei dem Schwimmen und Pause einander abwechseln.

Wie beim Joggen sind anfänglich die Belastungs- und Erholungsphasen gleich lang (z. B. eine Bahn schwimmen und dann eine genauso lange Pause einlegen), bis insgesamt mindestens 15 Minuten geschwommen wurde. Mit fortschreitender Übung werden die Pausen bis zu einem Verhältnis von 3 : 1 verkürzt (d. h. drei Minuten Schwimmen und eine einminütige Pause einlegen). Wichtig ist schließlich, daß man erst dann längere Strecken ohne Pause zurücklegt, wenn man sich im Wasser „richtig fit fühlt".

– *Radfahren*

Die Gemeinsamkeit zum Schwimmen besteht beim Radfahren darin, daß die Füße und Beine entlastet werden, weil sie das Körpergewicht nicht tragen müssen. Zunächst reicht auch ein ganz normales Rad völlig aus, bei dem allerdings die Sattelhöhe richtig eingestellt ist. Als Faustregel gilt: Beim Anpassen der Höhe muß die Ferse auf das Pedal gestellt werden. Die Sattelhöhe ist dann richtig, wenn bei der tiefsten Pedalstellung das Knie leicht durchgestreckt werden kann.

Bei der richtigen Auswahl der Strecke empfiehlt es sich, ein ebenes Gelände auszusuchen, das möglichst wenig vom Autoverkehr beeinträchtigt wird.

Für die Anfangsbelastung gilt das Gleiche wie beim Joggen: die Dauer des Radfahrens ist wichtiger als das Tempo. Allerdings sollten es zu Beginn schon ca. 30 Minuten bei niedriger Geschwindigkeit sein.

Zur Belastungsmessung kann auch hier der Puls zu Rate gezogen werden. Mit der Zeit bekommt man etwas Übung und damit Ausdauer und kann schließlich längere Zeit (ca. 45 Minuten) im Bereich des persönlichen Belastungspulses (siehe Kapitel Jogging) radeln.

6.3.3 Das Kräftigungsprogramm

Nicht jeder, der sich für ein Bewegungsprogramm entscheidet, will unbedingt seine Ausdauer verbessern. Vielmehr ist er mit seiner Figur unzufrieden, weil ihn einige „Problemzonen" plagen, die etwas straffere Muskeln vertragen könnten.

Wem diese Beschreibung bekannt vorkommt, sollte es mit einem Kräftigungsprogramm versuchen. Zugleich sind kräftige Muskeln auch für andere Freizeitsportarten sehr wichtig.

Die Muskeln sind für die „Statik" des Körpers zuständig, weil sie das Knochengerüst sowohl in Ruhe als auch bei Bewegung zusammenhalten. Werden sie wenig benutzt, verlieren sie ihre Leistungsfähigkeit. Die „Statik" des Körpers gerät in Unordnung und muß durch eingezieltes Kräftigungs- und Dehnprogramm für die Muskeln wieder gerichtet werden.

Eine besondere Verantwortung kommt den Muskeln für Figur, Gelenke und Rücken zu.

Während sie ihre Leistungsfähigkeit einbüßen, geraten die Muskeln auch aus der Form. Das straffe Muskelgewebe wird nach und nach von Fettgewebe ersetzt, wobei sich Bauch, Hüften und Po als besonders anfällig erweisen.

Zusammen mit Sehnen und Bändern geben die Muskeln den Gelenken Halt, was für den Rücken ganz besonders wichtig ist, da die Wirbelsäule nicht von allein in ihrer Position bleibt.

Es gibt nun viele unterschiedliche Möglichkeiten, seine Muskeln zu trainieren, wobei auch hier der Grundsatz gilt:

Anforderung ist gut, Überforderung sollte unbedingt vermieden werden.

Das Grundprinzip des Muskeltrainings kann folgendermaßen beschrieben werden:

Jeder Muskel beugt, streckt oder stabilisiert ein Gelenk. Um nun einen Muskel funktionsfähig zu erhalten, muß das entsprechende Gelenk bewegt werden. Zum Ausgleich von Muskelschwächen reicht jedoch das Bewegen allein nicht aus. Der Muskel benötigt, um kräftiger zu werden, bei der Bewegung einen Widerstand, der größer ist (ca. 30%) als das, was er maximal leisten kann.

Folglich wird für die Kraftübungen ein Gewicht oder ein anderer Widerstand (z. B. ein starkes Gummiband) benötigt. Das beste Gewicht zum Üben ist das Körpergewicht, weil man es immer bei sich hat und die meisten Muskeln sich durch gymnastische Übungen mit dem eigenen Körpergewicht sehr gut kräftigen lassen.

Zwar wird für das Kräftigungsprogramm kein gesonderter Fitness-raum benötigt, gleichwohl müssen die Muskeln, die im kalten Zu-stand ein recht sprödes Gewebe sind, erwärmt werden. Der Muskel muß also – unabhängig von der Außentemperatur – zunächst auf „Betriebstemperatur" gebracht werden, auch um Muskelkater oder Muskelzerrungen zu vermeiden.

Einfache Aufwärmübungen, von denen ein oder zwei ausgesucht und das Training begonnen werden kann, möchte ich im folgenden kurz beschreiben, wobei für alle Übungen gilt: 20 bis 30 Sekunden Belastung, 30 Sekunden Pause, viermal wiederholen.

– *Radfahren*
   (in der Rückenlage die Beine hochnehmen, sich mit den Händen an der Hüfte abstützen und in der Luft die Bewegung beim Rad-fahren imitieren).

– *Achterkreisen*
   (in Grätschstellung einen Gegenstand zwischen den Beinen waagerecht in Form einer „8" kreisen lassen).

– *Hampelmann*
   (abwechselnd aus aufrechter Stellung, wobei die Hände an den Oberschenkeln und die Füße zusammen sind, in eine Grätsche hüpfen und die Arme seitlich nach oben über den Kopf führen und wieder in die Ausgangsstellung zurück).

– *Seithüpfen*
   (einen Gegenstand seitlich neben die Füße legen und im Wechsel links – rechts darüber hüpfen).

– *Seilspringen*
   (die Grundform variieren: beidbeinig, einbeinig oder mit Doppel-hüpfer).

Nach dem Aufwärmen kann mit dem Kräftigungsprogramm z. B. in Form eines kleinen Fitnesszirkels begonnen werden. Im folgenden werden Übungen vorgestellt, bei denen keine besonderen Problem-zonen angesprochen, sondern allgemein die großen Muskelgruppen gekräftigt werden.[1]

Der Zirkel funktioniert so: Die Übungen werden von Station 1 bis zu Station 5 durchgeführt. An jeder Station wird 20 Sekunden lang geübt, gefolgt von 40 Sekunden Pause. Nach einem kompletten

Durchgang wird eine zweiminütige Pause eingelegt, bevor der Zirkel wieder von vorne beginnt.

– *Station 1*
  (aus der halben Hocke in schwungvollem Wechsel bis auf die Zehenspitzen wippen, wieder zurück in die Hocke, usw.
  Die Bewegung soll durch Auf- und Abschwingen der Arme unterstützt werden).

– *Station 2*
  (sich etwa einen Meter vor eine Wand stellen und sich mit den Händen an der Wand abstützen. Nun die Arme beugen, bis das Kinn kurz vor der Wand ist und dann die Arme wieder strecken).

– *Station 3*
  (sich auf den Rücken legen und die angewinkelten Beine abstellen. Nun im Wechsel den Po vom Boden abheben und wieder ablegen).

– Station 4
  (sich hinknien und sich vorne mit den Armen abstützen. Danach im Wechsel links – rechts ein Bein bis in die Waagerechte strecken).

– Station 5
  (sich gestreckt auf eine Seite legen, wobei der Kopf mit einer Hand abgestützt werden darf. Dann ein Bein heben und senken, wobei nach ca. 15 Wiederholungen die Seite gewechselt wird).

[1] Weitere umfangreiche Übungsformen zu genannten und weiteren Themenbereichen enthält die Schriftenreihe Bewegung, Ausgabe 10/91 der Techniker Krankenkasse. Alle Übungsformen werden bildlich dargestellt und erklärt.

7. Ein Buch entsteht im Unterricht
-Vorteile des projektorientierten Lernens-

von: Wolfgang Mander

Wir sind ein Team: Fast alle ziehen an einem Strang!

Literatur:

1. Scheller, Ingo: Erfahrungsbezogener Unterricht: Praxis, Planung, Theorie, 2. Aufl., Scriptor Verlag, Frankfurt am Main 1987

2. Trzeciok, Peter: Unterricht ohne Fronten, 1. Aufl., Urban u. Schwarzenberg Verlag, München 1978

7. Projektorientierter Unterricht

An dieser Stelle wird kurz der projektorientierte Unterricht vorgestellt. Er soll zeigen, inwieweit diese Unterrichtsmethode, die viele Leser wahrscheinlich nicht in der Schule erleben konnten, hilft, den Schülern das Verständnis, die Erfahrungen und Einsichten in Vorgänge, Abläufe und Situationen unseres täglichen Lebens zu ermöglichen.

7.1 Historische Ausgangssituation

Schule war immer eine Institution, die Schülern Wissen vermitteln sollte. Dabei bedienten sich die Lehrer nicht immer Methoden, die den Schülern das Lernen leicht machten oder gar mit Spaß verbunden waren. Schule war immer ein Spiegelbild der jeweiligen Gesellschaft. So waren die Formen der Vermittlung nicht immer sehr variabel. Primär wurde der Frontalunterricht praktiziert, d. h., der Lehrer steht vorne und schreibt die zu lernenden Sachverhalte an die Tafel oder trägt sie vor. Die Schüler müssen dann sehen, wie sie den Lernstoff bewältigen können. Diese Unterrichtsform hat bis zum Ende der 60er Jahre an den Schulen vorgeherrscht.

Mit fortschreitender Liberalisierung wurde verstärkt auch über die Unterrichtsformen nachgedacht, und es rückte immer mehr der Schüler und nicht mehr nur das zu vermittelnde Thema in den Vordergrund. Die Methoden, den Schülern Wissen zu vermitteln, sind inzwischen sehr vielseitig geworden. Auch die Aufgaben und das Profil einer Schule haben sich in den letzten Jahrzehnten sehr stark verändert. Heute steht zwar auch weiterhin der wissensvermittelnde Aspekt an zentraler Stelle, jedoch haben auch erzieherische und betreuende Aufgaben einen größeren Stellenwert bekommen. Gerade Schüler an Ganztagsschulen lernen die Schule automatisch als wichtigen Platz in ihrem Leben kennen. Diese Tatsache stellt den Lehrer zwar oft vor ungeahnte Probleme, bietet ihm jedoch auch die Möglichkeit, Schule so zu gestalten, daß die Schüler sich darin wohlfühlen.

7.2 Projektorientierter Unterricht – eine Alternative zum „normalen" Unterricht? –

Die Tatsache, daß die Schüler heutzutage einem ständig anwachsenden Medienansturm ausgesetzt sind, beeinflußt auch ihr Lernverhalten in der Schule. Konnte man früher Schüler mit Filmen oder Dias sehr stark dazu motivieren, sich mit einem Thema auseinanderzusetzen, so ist es heute nur sehr selten möglich, über dieses für die Schüler alltägliche Medium eine verstärkte Aufmerksamkeit zu erreichen. Eine große Akzeptanz herrscht dann jedoch vor, wenn Schüler merken, daß das, was sie erlernen sollen, eine praktische Anwendung oder einen direkten Bezug zu ihrer eigenen Erfahrung besitzt. Von daher ist der projektorientierte Unterricht eine gute Alternative zum normalen Unterricht. Natürlich ist es nicht immer möglich, diese Unterrichtsmethode anzuwenden, da die Rahmenbedingungen (z. B. Curriculum, Stundenplan sowie rechtliche und materielle Voraussetzungen) nicht immer gegeben sind.

Projektorientierter Unterricht läßt sich auch durch die Begriffe „erfahrungsbezogener Unterricht" oder „learning by doing" charakterisieren. Dies bedeutet nichts anderes, als daß die Schüler durch selbstgemachte Erfahrungen in die Lage versetzt werden, bestimmte Lerninhalte zu begreifen. Darüber hinaus wird bei dieser Unterrichtsform nicht nur der kognitive Lernbereich angesprochen, sondern in starkem Maße auch der affektive Lernbereich. Schüler lernen nicht nur Fakten, sondern können auch Einstellungen und Einsichten gewinnen, die ihren Lebensweg positiv beeinflussen.

Von daher ist projektorientierter Unterricht durchaus eine gute Alternative zu den anderen Unterrichtsmethoden.

7.3 Möglichkeiten, projektorientierten Unterricht durchzuführen

Die Möglichkeiten, einen projektorientierten Unterricht durchzuführen, sind sehr vielschichtig. Hierbei kommt es vor allem auf die äußeren Umstände und Gegebenheiten an. Themen lassen sich in fast allen Unterrichtsfächern finden. Sei es ein Theaterstück im Englischunterricht, eine Umfrage im Deutsch- oder Informatikunterricht, eine Verkehrszählung, Stadtplanung und Kartierung im Erdkundeunterricht oder auch die Erstellung eines Computerspiels im Informatikunterricht. Wichtig ist, daß den Schülern bei der Auswahl ein gewisses Mitspracherecht eingeräumt wird. Denn eine hohe Akzeptanz erreicht man nur, wenn sie sich mit diesem Projekt identifizieren können.

7.4 Was nehmen die Schüler aus solchen Unterrichtsphasen mit?

Die Wirtschaft, insbesondere die Handwerksinnungen, beklagen immer mehr, daß die Schule an der Realität vorbei ausbilde. Die Schüler lernten außerdem zu wenig das selbstständige Arbeiten. Dieser Kritik kann insbesondere durch verstärkten Einsatz von projektorientiertem Unterricht entgegengetreten werden. Schüler werden auf diese Weise sehr stark praxisorientiert ausgebildet. Sie erleben realitätsbezogene Situationen und lernen, daß ihre selbstständig getroffenen Entscheidungen direkte Auswirkungen auf bestimmte Abläufe haben.

Hierfür zwei Beispiele:

– Während der Herstellung dieses Buches konnten die Schüler miterleben, wie zeit- und damit kostensparend eine gute Durchorganisierung des gesamten Ablaufes sein kann. So wurden u. a. zu Beginn des Projektes die Cholesterinwerte der einzelnen Lebensmittel nicht in der Datenbank erfaßt. Später mußten diese Werte noch hinzugefügt werden. Dadurch hatte eine Gruppe von Schülern zwei Nachmittage zusätzliche Arbeit. Andererseits aber wurden durch die Anfertigungen der Lebensmittelfotos von einer anderen Schülergruppe ca. 25.000 DM Kosten eingespart. Die Schüler lernten dabei auch die Arbeit eines Food-Stylisten kennen. Darüber hinaus konnten sie vor Ort in der Druckerei die einzelnen Produktionsabläufe beobachten.

Sollte dieses Buch den gewünschten Erfolg haben, werden die Schüler bei der Überreichung der Schecks direkt die Kinderkrebsstationen in den Kliniken besuchen. Damit sind sicherlich Erkenntnisse im affektiven Lernbereich verbunden, die im Unterricht nicht zu vermitteln sind. Dies bietet vor allem diese Art von „Lernen vor Ort".

– Während meiner Lehrerzeit an einem Gymnasium in Arolsen konnten die Schüler meines Erdkundekurses eine besonders erfolgreiche Projektarbeit erleben. Wir hatten uns damals gemeinsam entschlossen, das Thema „Stadtplanung" direkt und praxisnah anzuwenden. Durch die Einkaufszone der Kleinstadt führt eine stark befahrene Hauptstraße, so daß das Einkaufen nicht immer sehr angenehm war. In diesem Projekt wurden von den Schülern eine Befragung und eine Verkehrszählung durchgeführt. Die Ergebnisse analysierten wir und stellten stadtplanerische Forderungen auf, die graphisch (auch durch Computersimulation) untermauert wurden.

Anschließend wurde die Öffentlichkeit informiert und mit dem Bürgermeister und anderen Ratsmitgliedern eine Diskussion geführt. Das Ergebnis konnten wir ca. ein Jahr später sehen, denn die überzeugenden Vorstellungen und kritischen Diskussionsbeiträge der Schüler hatten dazu geführt, daß sich das Stadtbild innerhalb dieser Zeit positiv verändert hatte.

Solche Erfolge sind natürlich nicht die Regel. Wichtig ist jedoch, daß die Schüler ihre im Projekt erzielten Ergebnisse einer, wenn auch begrenzten, Öffentlichkeit präsentieren. Sie müssen lernen, ihre Ergebnisse, Vorstellungen und Einsichten, die sie erarbeitet bzw. erreicht haben, auch zu vertreten. Die Erziehung zur Selbständigkeit, die in unserem gesellschaftlichen und wirtschaftlichen Leben immer wichtiger wird, ist durch diese Unterrichtsform am ehesten zu erreichen. Interessant ist, daß es hierbei immer wieder Möglichkeiten gibt, Schüler, die im normalen Unterricht relativ introvertiert sind, zu teilweise ungeahnten Beiträgen zu bewegen. Dies ist mir bislang in allen Projekten, die ich durchgeführt habe, als sehr positiv aufgefallen. Von ähnlichen Erfahrungen berichteten auch andere Kollegen. Durch den Praxisbezug kommen oftmals versteckte Talente zum Vorschein.

Zum Schluß sei noch angemerkt, daß natürlich nicht jedes Projekt von Erfolg gekrönt sein kann. Dennoch sollte man sich dadurch nicht abhalten lassen weiterzumachen. Die Begeisterung, mit der viele Schüler dem Unterricht folgen, wenn man vom normalen Stil abweicht und ihnen neue Wege aufzeigt, entschädigt immer wieder für die zusätzliche Arbeit, die man automatisch hat. Denn Projekte unterliegen grundsätzlich einer gewissen Eigendynamik, da die Ideen der Schüler oftmals unbegrenzt sind. Da heißt es dann im richtigen Augenblick, die richtige Entscheidung zu treffen und niemals den Zeitfaktor zu unterschätzen.

Projektorientiertes Lernen ist Lernen durch Erfahrungen. Auch negative Erfahrungen können sich im Laufe des Lebens als positiv herausstellen! Von daher sollte diese Unterrichtsmethode so oft wie möglich praktiziert werden.

Nachwort

Dieses Buch entstand von der Idee bis zum Druck in nur zehn Monaten. Unter den gegebenen Bedingungen – Finanzierbarkeit und Zeitfaktor – haben wir versucht, optimal zu arbeiten.
Bei einer längerfristigeren Planung hätte man in Kooperation mit anderen Fachlehrern Aspekte wie sportliche Betätigung, Schadstoffbelastung der Lebensmittel und die Verpackungsmüll-Problematik gemeinsam mit den Schülern erarbeiten können. Doch gute Ideen kommen – wie auch in diesem Falle – in der Regel plötzlich; und dann ist „Handeln" angesagt, denn die curricularen Rahmenbedingungen ermöglichen im allgemeinen nicht viel Zeit.

Dem Engagement zweier Kollegen haben wir es zu verdanken, daß einige wichtige Aspekte wenigstens in Form von Kurzreferaten berücksichtigt werden konnten.

Bedanken möchten wir uns deshalb an dieser Stelle nochmals bei den verschiedenen Unternehmen, Behörden und Einzelpersonen für die uns entgegengebrachte Hilfsbereitschaft und konstruktive Zusammenarbeit in den einzelnen Projektphasen.

Während der gesamten Zeit – von der Datenbeschaffung am Anfang bis zum Korrekturlesen am Ende – stand uns Herr Ludger Themann mit seiner Fachkompetenz als Oecotrophologe zur Verfügung. Wir danken ihm dafür ganz herzlich.

Loben wollen wir schließlich noch unsere 57 Schüler, die teilweise in erheblichem Umfang in ihrer Freizeit durch engagiertes Arbeiten zum Entstehen des Buches beigetragen haben. Wir hoffen, daß sie sich auch noch in ein paar Jahren, wenn sie IHR Buch in den Händen halten, mit Freude an dieses Projekt und ihre Schulzeit erinnern werden. Die Frage der Schüler: „Was machen wir als nächstes?" und ihre Kommentare zu dem Projekt stimmen uns diesbezüglich optimistisch.

Klasse 8d:

Zeynep Basak:
„Es hat Spaß gemacht, das Buch herzustellen. Die Geschichten waren auch ganz gut; besser als die gewöhnlichen Wirtschaftsstunden."

Björn Benning:
„Also, für meinen Geschmack ist das zu kindisch, aber es ist ja auch für Kinder."

Björn Böhmer:
„Ich fand die Zusammenarbeit ganz gut und zu sehen, wie ein Buch entsteht. Die Hektik dabei fand ich nicht so gut. Es war viel Arbeit. Das Fotografieren hat besonders viel Spaß gemacht. Das Geschichtenschreiben fand ich nicht so gut.
Sonst war es super!"

Silvia Burda:
„Ja, mir hat es sehr viel Spaß gemacht. Vor allem das, als wir in der Schule mit dem Essen gearbeitet haben und danach essen durften. Ich glaube aber, daß das Geschichtenschreiben keinem Spaß gemacht hat. Das beste jedoch war, als wir im Fernsehen gezeigt wurden."

Christoph Dierks:
„Es hat mir Spaß gemacht, weil das Thema mich interessiert hat; und die Besuche, die wir gemacht haben."

Nadja Erdt:
„Mir hat es Spaß gemacht, einmal eine andere Form von Unterricht zu erleben und zum Schluß sich dann auf das fertige Produkt zu freuen."

Melanie Hark:
„Mir hat alles gut gefallen. Es hat sehr viel Spaß gemacht."

Dietrich Hermann:
„Das Buch ist sehr informativ, und es hat sehr viel Spaß gemacht, mit der Klasse das Buch zu erstellen."

Sebastian Janke:
„Ich finde es gut, daß wir dieses Projekt gemacht haben, weil es die Realität zeigt. Ich weiß jetzt, wie hart das Wirtschaftsleben ist."

Benjamin Janson:
„Das Buch ist nicht schlecht; ein bißchen kindisch. Für Kinder hat es viele Informationen, wodurch die Kinder noch etwas lernen können. Sonst ganz gut."

Tanja Jesgarz:
„Die Zusammenarbeit fand ich gut, und es war nicht so langweilig wie der normale Wirtschaftsunterricht. Und jetzt weiß ich, wieviel Arbeit in solch einem Buch steckt."

Anna-Theresa Kalbhenn:
„Es war toll zu sehen, wieviel Arbeit in so einem Buch steckt."

Dennis Kaltinski:
„Mir hat alles gefallen; besonders der Besuch im Verlag."

Dennis Kent:
„Mir hat die Zusammenarbeit in den Gruppen sehr gut gefallen. Besonders der Verlag, in dem wir mit der ganzen Klasse waren, allerdings das Fernsehen auch."

Sven Little:
„In der Druckerei hat es mir gut gefallen. Interessant fand ich es auch, als das Fernsehen bei uns war."

Matthias Minschke:
„Ich fand es gut, denn jetzt weiß ich, wie schwer es ist, etwas herzu-stellen und auf den Markt zu bringen."

Steven Ord:
„Ich fand unsere Zusammenarbeit, die ja teilweise funktionierte, sehr gut. Die Vorbereitung zu sehen, hat viel Spaß gemacht und natürlich auch das Schreiben der Geschichten. Es war allgemein sehr witzig!"

Marcel Raschke:
„Es hat mir viel Spaß gemacht, daß alle zusammen gearbeitet haben und daß man einmal kreativ und praktisch arbeiten konnte. Es hat Spaß gemacht, an den Geschichten mitzuwirken."

Andreas Riedmayer:
„In der Druckerei war es interessant. Es hat Spaß gemacht, an den Geschichten zu arbeiten."

Angelika Schubert:
„Ich fand alles ganz gut. Es hat sehr viel Spaß gemacht."

Sudarshini Soorijaratnam:
„Es hat Spaß gemacht, als Klasse das Buch zu erstellen."

Anika Tegtmeyer:
„Es hat Spaß gemacht, mal zu sehen, wie so ein Buch entsteht, und ich fand es toll mal ne andere Form von Unterricht zu erleben."

André Theissen:
Ich fand es sehr toll, mal zu sehen, wieviel Arbeit in dem Buch steckt; z. B. das Fotografieren, Geschichtenschreiben usw.!"

Sabrina Turek:
„Ja, es hat mir gefallen; besonders das Wiegen der Nahrung. Kein Spaß hat mir das Geschichtenschreiben gemacht."

Abbas Yalcin:
„Es hat mir Spaß gemacht, für die KinderKrebshilfe was zu tun, und es war im großen und ganzen lustig."

Pamela Young:
„Das Buch herzustellen hat Spaß gemacht. Es war mal etwas anderes als der normale Wirtschaftsunterricht."

Kadriye Yumusak:
„Mir hat das Food-Styling gut gefallen. Wir hatten viel Spaß zusammen, auch wenn nicht immer alles gut geklappt hat. Die Geschichten zu schreiben, fand ich nicht besonders gut."

Informatikkurs 9. Jahrgang:

Sebastian Benning:
„Mir hat besonders die Zusammenarbeit zwischen Schüler und Lehrer gefallen. Außerdem finde ich es gut, daß wir mit diesem Buch krebskranken Kindern helfen können."

Jochen Stegemann:
„Ich fand das Projekt sehr lehrreich. Ich habe viel über Gemüse, Obst und ähnliche Lebensmittel gelernt. Trotz einiger Pannen haben wir es mit einer Schülergruppe geschafft, ein Buch fertigzustellen. Ich finde es gut ,daß der Erlös an die Deutsche KinderKrebshilfe gespendet wird und daß wir soviel Hilfe bekommen haben."

Dirk Siemers:
„Ich bin stolz darauf, daß ich an diesem Buch mitgewirkt habe. Das Projekt fand ich sehr lehrreich. So macht Lernen Spaß."

Andreas Kemper:
„Ich fand es interessanter als den normalen Unterricht, auch weil es für einen guten Zweck ist. Man lernt auch, im Team zu arbeiten."

Rainer Wessel:
„Ich fand es gut, an diesem Buch mitzuarbeiten, weil der Erlös für krebskranke Kinder ist, und etwas über Ernährung zu erfahren."

Mike Adam:
„Es war sehr interessant, etwas über Ernährung und ihre Angaben zu erfahren. Trotz einiger Schwierigkeiten haben wir es doch geschafft, daß das Buch fertig geworden ist."

Anthony Watson:
„Es hat mir sehr gefallen, an diesem Buch mitzuarbeiten, weil ich schon immer etwas für andere Leute tun wollte, die fremde Hilfe brauchen, und weil ich über Lebensmittel und ihre Inhaltsstoffe besser Bescheid wissen wollte."

Patrick Kästing:
„Das Projekt war sehr interessant. Ich finde es auch gut, daß wir damit krebskranken Kindern helfen."

Jean-Philippe Wieneke:
„Mir hat es sehr viel Spaß gemacht, dabei mitzuwirken. Es war sehr interessant und lehrreich, es zu schreiben und krebskranken Kindern zu helfen."

Sven Crooke:
„Ich finde das Buch gut, da das Buch für einen guten Zweck ist. Und es sollten mehr Schulen so etwas zustande bringen."

Jean-Philippe Painter:
„Ich finde es gut, daß wir für einen guten Zweck unsere Zeit aufgebracht haben. Andere Schulen sollten den selben Weg gehen, um etwas für einen guten Zweck zu tun."

Roland Klöpping:
„Ich hatte von Anfang an nicht mit so einem Erfolg gerechnet und hoffe, daß recht viel Geld für die KinderKrebshilfe zusammen kommt. Es hat viel Spaß gemacht, an so einem Projekt beteiligt gewesen zu sein."

Tobias Moll / Timo Begemann:
„Die Arbeit am PC hat uns am meisten Spaß gemacht, aber es war auch interessant zu erfahren, wieviel Arbeit dahintersteckt, um so ein Buch herauszubringen."

Uns wünschen wir zunächst einmal keine „Ideen" mehr, auch nicht von seiten der Schüler; denn sie arten in der Regel in Arbeit aus. Langfristig würden wir uns jedoch immer wieder über den Ideenreichtum so toller und engagierter Schüler freuen.

Doch nicht nur allein die Schüler sind die Voraussetzung für das Gelingen solcher Projekte. Die Realisierung dieses Projektes haben wir vor allem der Risikobereitschaft des Verlegers, Herrn Peter Schurzfeld, zu verdanken. Wir freuen uns sehr über sein in uns gesetztes Vertrauen und hoffen alle, daß wir ihn nicht enttäuschen werden.

Carmen Carola Mander

Wolfgang Mander

Verzeichnis der Abbildungen

Literaturverzeichnis

1. Auswertungs- und Informationsdienst (AID) (Hrsg.): Grundlagen der Ernährung. Bonn 1984

2. ders.: Vitamine und Mineralstoffe sind lebensnotwendig. Bonn 1984

3. ders.: Vollwertig essen und trinken nach den 10 Regeln der DGE. Bonn 1992

4. Bundesgesundheitsamt Berlin: Bundeslebensmittelschlüssel für Verzehrs-erhebungen. (BLS II). Institut für Lebensmittelwissenschaft und -information GmbH, 1993

5. Deutsche Gesellschaft für Ernährung (Hrsg.): Empfehlungen für die Nährstoff-zufuhr. 5. Überarbeitung 1991, 2., korrigierter Nachdruck, Henrich Verlag, Frankfurt 1995

6. Deutsche Krebshilfe e. V. (Hrsg.): Wertvoll – Krebsprävention durch gesunde Ernährung – Ausgabe 4, Bonn 1996

7. Echterhoff, H.-H.; Echterhoff, S.: Alles ist erlaubt... , Ernährungsatlas für Diabetiker. 1. Aufl., Bielefeld 1994

8. Elmadfa, I.; Aign, W.; Muskat, E.; Fritzsche, D.; Cremer, H.-D.: Die große GU Nährwert Tabelle. Überarb. und erw. Neuausgabe 1994/95, Gräfe und Unzer Verlag, München 1993

9. de Gruyter Verlag (Hrsg.): Pschyrembel – Klinisches Wörterbuch – 257. Auflage, de Gruyter Verlag Berlin, New York 1994

10. Koerber, K. von; Leitzmann, C.; Männle, Th.: Vollwert-Ernährung. Konzeption einer zeitgemäßen Ernährungsweise. 8. Aufl., Heidelberg 1994

11. Menden, Prof. Dr., Erich (Hrsg.): Wie funktioniert das? Die Ernährung. Meyers Lexikonverlag, Mannheim 1990

12. Miram, Wolfgang u. Scharf, Karl-Heinz (Hrsg.): Biologie heute S II. Neubearbeitung, Schroedel Verlag, Hannover 1992

13. Schlieper, Cornelia A.: Grundfragen der Ernährung. 11., völlig überarbeitete, erweiterte Auflage, Dr. Felix Büchner Verlag, Hamburg 1992

14. Souci, S.W., Fachmann, W.; Kraut, H.: Lebensmitteltabelle für die Praxis. 2., überarb. und erw. Aufl.,wissenschaftliche Verlagsgesellschaft mbH, Stuttgart 1991

15. [WG1] Verbraucher-Zentrale Nordrhein-Westfalen e.V. (Hrsg.): Bärenstarke Kinderkost. 3. Aufl., Düsseldorf 1995

Quellenverzeichnis

1. Bundesgesundheitsamt Berlin: Bundeslebensmittelschlüssel für Verzehrserhe-
   bungen. (BLS II). Institut für Lebensmittelwissenschaft und -information GmbH,
   1993

2. Elmadfa, I.; Aign, W.; Muskat, E.; Fritzsche, D.; Cremer, H.-D.:
   Die große GU Nährwert Tabelle. Überarb. und erw. Neuausgabe 1994/95, Gräfe
   und Unzer Verlag, München 1993

3. Deutsche Gesellschaft für Ernährung (Hrsg.): Empfehlungen für die Nährstoff-
   zufuhr. 5. Überarbeitung 1991, 2., korrigierter Nachdruck, Henrich Verlag, Frankfurt 1995

Verzeichnis der Lebensmittel

Lebensmittel	Menge (g, ml)	kcal	kJ	Seite
E				
Edamer	50	126	525	190
Eier				
Ei, gekocht	58	84	352	66
Rührei	72	126	527	66
Spiegelei	62	120	502	66
Eisbergsalat	45	5	19	204
Eis (Fruchteis)	100	134	561	100
Eis (Milchspeiseeis)	100	160	670	100
Eiswaffel	12	51	213	100
Emmentaler, 45%	35	134	560	190
Erbsen in Dosen	100	56	234	138
Erbsen, frisch, gekocht	100	68	285	136
Erbsen, getrocknet	60	208	870	148
Erdbeeren	150	35	144	112
Erdbeertrunk	200	358	1498	88
Erdnüsse, geröstet	30	176	736	214
Erdnüsse, frisch	30	190	795	216
Erdnußflips	15	73	304	212
F				
Feldsalat	20	2	10	204
Fischfrikadelle	70	148	619	156
Fischstäbchen	150	255	1067	156
Fladenbrot	140	514	2150	182
Fleischwurst	20	59	249	186
Forelle	150	153	640	152
Fruchteis	100	134	561	100
Fruchtjoghurt 1,5%	150	117	490	116
Fruchtquark, 20%	150	213	891	114
Früchte-Müsli	70	244	1022	90
Früchtetee	100	3	13	228
G				
Geflügelwurst, mager	25	66	276	80
Gehacktes (halb+halb)	100	260	1088	164
Gewürzgurken	50	90	36	200
Götterspeise	75	108	452	166
Gouda, 45%	50	183	764	190
Grapefruit	200	94	393	92
Graupen	60	181	757	150
Grünkohl, gekocht	150	42	176	132
Gummibärchen	70	230	961	210
Gurken (Gewürz)	50	9	36	200
H				
Hackfleisch (halb+halb)	100	260	1088	164
Haferflocken (Vollkorn)	50	182	760	90
Hähnchen in Aspik	25	20	84	80
Hähnchenkeule	168	185	774	162
Halbfettmargarine	10	38	157	74
Hamburger	150	383	1601	180
Hartkaramellen	10	39	162	210
Harzer	50	63	264	192
Haselnüsse	30	193	807	216
Heringsfilet in Tomatensoße	100	204	854	198
Honig	20	65	272	76
Hüttenkäse (körniger Frischkäse)	20	20	85	84
J				
Jägersoße	20	11	46	124
Joghurt, 3,5%	150	92	383	116
Joghurt, 1,5%	150	66	276	116
Joghurt (Fruchtjoghurt) 1,5%	150	117	490	116
Johannisbeeren, rot	100	38	159	112

Lebensmittel	Menge (g, ml)	kcal	kJ	Seite
K				
Kaffee, schwarz	150	3	13	94
Kakaotrunk	200	104	435	88
Kartoffelchips	10	57	236	212
Kartoffelklöße, gekocht	85	38	159	128
Kartoffelkroketten	100	123	515	126
Kartoffeln, gekocht	150	105	439	128
Kartoffelpuffer	50	77	322	126
Kartoffelpürree	200	120	502	128
Käse				
Camembert, 45%	30	86	358	192
Camembert, 60%	30	113	475	192
Doppelrahmkäse	20	66	275	84
Edamer, 30%	50	126	525	190
Emmentaler, 45%	35	134	560	190
Gouda, 45%	50	183	764	190
Harzer	50	63	264	192
Körniger Frischkäse	20	20	85	84
Schmelzkäse	25	68	282	84
Käse-Snacks	10	57	239	214
Kasseler	200	474	1984	160
Knollensellerie	50	11	46	144
Körniger Frischkäse	20	20	85	84
Kohlrabi, roh	250	63	262	140
Kondensmilch	7,5	10	40	94
Krabben	50	46	193	194
Kräcker	10	45	188	214
Kräutertee	100	3	13	228
Kresse	2	1	4	146
L				
Lachs, geräuchert	20	34	142	196
Lachsschinken	12	18	75	80
Lakritze	17	66	276	210
Leberkäse	135	432	1808	158
Leberwurst	35	147	615	184
Lightgetränk	200	1	4	224
Limonade	200	98	410	224
Linsen, getrocknet	60	186	778	148
M				
Mais in Dosen	50	55	230	134
Makrele, geräuchert	100	222	929	196
Mandeln	30	180	752	218
Margarine	10	76	306	74
Margarine (Halbfett)	10	38	157	74
Marmelade	20	53	223	76
Marmorkuchen	50	191	767	170
Mayonnaise	20	145	607	124
Mettwurst (Braunschweiger)	35	159	666	184
Milch, 3,5%	200	128	536	86
Milch, 1,5%	200	94	393	86
Milch, 0,3%	200	68	285	86
Milchspeiseeis	100	160	670	100
Mineralwasser	200	0	0	224
Möhren in Dosen	200	30	126	138
Möhren, roh	200	54	226	136
Müsli (Früchtemüsli)	70	244	1022	90
Müsliriegel	25	111	463	102
N				
Naturreis (Vollkornreis)	100	348	1456	150
Negerkuss	27	105	441	102
Nektarine	150	80	333	106
Nudeln (Spaghetti)	200	188	787	122
Nudeln (Ravioli)	400	452	1892	122

Lebensmittel	Menge (g, ml)	kcal	kJ	Seite
Nudeln (Vollkorn)	200	274	1147	122
Nuß-Nougat-Creme	20	106	434	172
Nußgebäck	60	307	1286	172

O

Lebensmittel	Menge (g, ml)	kcal	kJ	Seite
Obstkuchen	120	268	1120	170
Öl (Sonnenblumenöl)	4	36	150	206

P

Lebensmittel	Menge (g, ml)	kcal	kJ	Seite
Paprikafrüchte	200	40	167	202
Paranüsse	30	200	839	216
Petersilie	2	1	4	146
Pfefferminztee	100	3	13	228
Pfirsich	150	59	245	106
Pflaumen	150	77	320	106
Pizza	300	648	2712	180
Pommes Frites	100	264	1105	126
Porree	100	24	100	144
Pumpernickel	55	111	463	182
Putenbrust	30	32	132	188
Putenschnitzel	120	126	527	162

Q

Lebensmittel	Menge (g, ml)	kcal	kJ	Seite
Quark, 20%	20	22	92	82
Quark, 40%	20	32	134	82
Quark, mager	20	15	61	82
Quark (Fruchtquark), 20%	150	213	891	114

R

Lebensmittel	Menge (g, ml)	kcal	kJ	Seite
Radieschen	30	4	16	202
Reis, Vollkorn	100	108	452	150
Reis, weiß	100	106	443	150
Rinderfilet	120	139	583	164
Rinderleber	60	68	286	164
Roastbeef	20	35	146	188
Roggenbrot	50	111	465	70
Rosenkohl, gekocht	150	57	239	132
Rosinen	30	80	335	218
Rotbarsch	150	158	659	154
Rote Bete	50	18	75	200
Rotkohl, gekocht	150	32	132	132
Rübenkraut	8	22	90	96

S

Lebensmittel	Menge (g, ml)	kcal	kJ	Seite
Sahne	4	12	50	176
Sahnetorte	120	438	1833	170
Salami	25	130	543	186
Salatdressing aus Joghurt	5	8	33	206
Salzstangen	15	58	244	212
Sauerkirschen im Glas	150	125	521	108
Sauerkirschen, roh	150	24	100	130
Sauerkraut, roh	150	24	100	130
Schaumküsse	27	105	441	102
Schellfisch	250	183	764	152
Schinken, gekocht	45	87	363	78
Schinken, geräuchert	15	50	209	78
Schinkenspeck	20	124	520	78
Schlangengurken	100	13	54	204
Schlemmerfilet	300	480	2009	154
Schmelzkäse	25	68	282	84
Schnittlauch, frisch	2	1	4	146
Schokolade	16,5	93	388	102
Schokoladencreme	75	108	452	166
Schokoladenkeks	28	127	531	174
Scholle	150	114	477	152
Schwarzwurzeln, im Glas	150	11	46	142

Lebensmittel	Menge (g, ml)	kcal	kJ	Seite
Schweinebraten mit Soße	200	588	2461	156
Schweinegulasch	200	312	1306	160
Schweinekotelett	150	290	1212	160
Schweineöhrchen	80	323	1350	172
Schweineschnitzel	200	312	1306	162
Seelachs	150	120	502	154
Selleriesalat	50	6	25	200
Sonnenblumenöl	4	36	150	206
Spaghetti	200	188	787	122
Spargel, gekocht	300	51	213	142
Spinat, gekocht	150	23	94	142
Stachelbeeren	100	49	205	112
Süßkirschen, roh	150	89	370	108

T

Tee
Früchtetee	100	3	13	228
Kräutertee	100	3	13	228
Pfefferminztee	100	3	13	228
schwarz	150	2	6	94
Thunfisch im eigenen Saft	150	152	636	198
Thunfisch in Öl	150	425	1777	198
Toastbrot (Weizen)	25	66	274	70
Tomaten	80	14	57	202
Tomatenketchup	14	45	188	124
Traubensaft	200	138	578	226

V
Vanillecreme	75	104	436	166
Vanilletrunk	200	366	1532	88
Vollkornbrot	65	134	560	70
Vollkornkeks	12	52	218	174
Vollkornnudeln	200	274	1147	122
Vollkornreis	100	348	1456	150
Vollkornzwieback	20	73	305	72

W
Waffeln (Vollkornmehl)	65	282	1180	176
Waffeln (Weißmehl)	65	271	1134	176
Wassermelone	150	53	220	220
Weintrauben, hell	150	110	458	114
Weintrauben, rot	150	112	469	114
Weißbrot	30	71	299	182
Weißkohl, gekocht	150	30	126	130
Wirsing, gekocht	100	25	105	130
Würfelzucker	5	20	84	96

Z
Zitronensaft	4	1	4	206
Zucker,	5	20	84	96
Zuckerrübensirup	8	22	90	96
Zungenwurst	25	100	419	184
Zwieback	20	76	318	72
Zwieback (Vollkorn)	20	73	305	72
Zwiebeln	45	15	62	144